ŞEYTAN
BU KİTABA ÇOK KIZACAK - 6
-BİR BAYAN NİÇİN ÖRTÜNMEK İSTEMEZ?-

Feyzullah BİRIŞIK

KARINCA & POLEN YAYINLARI

FEYZULLAH BİRİŞIK

1969 Malatya doğumlu. Öğrenimini Malatya'da tamamladı. 1998 yılından bu yana araştırma ve kitap çalışmalarını sürdürüyor.

www.karincakitap.net adresinde aylık yazıları yayınlanmaktadır.

Karınca & Polen Yayınlarından Yayınlanmış Eserleri:

1- Gelin Bir Saat Tefekkür Edelim
2- Yüzde Kaç Müslümanım?
3- Niçin Yaratıldın?
4- Esma-ül Hüsna
5- Cep Mesaj Kitabı
6- Şeytan Bu Kitaba Çok Kızacak-1
7- Şeytan Bu Kitaba Çok Kızacak-2
8- Ölümü Düşünmeyenler İçin Ölüm Kitabı
9- Allah İnsana ne Demişti
10- Allah İle Dostluk Nasıl Kurulabilir?
11- Bir Bayan Niçin Örtünmek İstemez?
12- Allahım Senden Özür Diliyorum
13- Müslümanım Diyen Bir İnsan Niçin Namaz Kılmak İstemez?
14- Mükemmel Bir Namaz İçin Namazda Huşuya Götüren 155 Etken
15- İstanbulda İman Nasıl Artar Ve Nasıl Azalır?
16- Müslümanım Diyen Bir İnsan Niçin Peygamberimizi Örnek Almak İstemez?
17- Şeytan Bu Kitaba Çok Kızacak (Animasyon)
18- Cenaze Namazım Kılınmadan Önce Namaza Başlamak istiyorum Ama Nasıl?

Görüş ve eleştirileriniz için:
feyzullahpolen@hotmail.com

İÇİNDEKİLER

Önsöz 9
1- Örtünmek İsterim, Ama İkna Olmam Lazım 23
2- Örtünmem Gerekiyor, Ama Geleceğimi Düşünmek Zorundayım 33
3- Allah Beni Başı Açık Olarak da Sever 39
4- Kapalıyım, Ama Ailem Okul İçin Başımı Açmamı İstiyor 51
5- Fazla Açık Olmadığım İçin, Günah Olduğunu Zannetmiyorum 69
6- Genç Yaşta da Kapanmak Olmaz ki, Yaşlanınca İnşaallah 77
7- Tekrar Açılırım Düşüncesiyle, Kapanmıyorum 93
8- Bazı Özgürlüklerimin Kısıtlanacağı Düşüncesiyle
   Kapanmak İstemiyorum 103
9- Kapanmak Önemli Değil, Önemli Olan Kalbinin Temizliği 111
10- Evlenince Kapanırım. 'Kızım, Evlenince Kapan' 117
11- Güzelliğimi Sergilemek İstediğimden Dolayı Kapanmamıştım 121
12- Kapanırsam, Diğer Dinî Vecibelerimi de
    Yerine Getirmem Gerekecek 133
13- Dinden Çıkmadığıma Göre Başımı Açmamda Problem Yok 137
14- Başörtüsü İçin Kendimi Henüz Hazır Hissetmiyorum 143
15- Bu Zamanda da Başörtüsü Olmaz ki! Hangi Çağdayız? 147
16- Kısmet, Bir Bakarsın Kapanırız İnşaallah 157
17- Önemli Olan, Saç Dışındaki Vücudun Teşhir Edilmemesi 159
18- Denedim, Ama Boğulacak Gibi Oldum 163
19- Evlenememe Korkusu 165
20- Lise ve Üniversitedeki Başı Açık Öğrencilere Dinimi Anlatacağım
    İçin Başımı Açacağım. Yani Hizmet İçin 167
21- Kapanmak İçimden Gelmiyor 171
22- Başörtülülerin Yeterince Örnek Olamamaları 173
23- Nefsime Yenik Düştüğümden, Kapanamıyorum 177
Bölüm 1- Ey Başörtüsü İçin Karar Aşamasında Olan Bacım! 179
Bölüm 2- Ey Kapanmaya Karar Veren Bacım! 181
Bölüm 3- Ey Kapanmayı Düşünmeyen Bacım! 183

FEYZULLAH BİRIŞIK

1969 Malatya doğumlu. Öğrenimini Malatya'da tamamladı. 1998 yılından bu yana araştırma ve kitap çalışmalarını sürdürüyor.

www.karincakitap.net adresinde aylık yazıları yayınlanmaktadır.

Karınca & Polen Yayınlarından Yayınlanmış Eserleri:

1- Gelin Bir Saat Tefekkür Edelim
2- Yüzde Kaç Müslümanım?
3- Niçin Yaratıldın?
4- Esma-ül Hüsna
5- Cep Mesaj Kitabı
6- Şeytan Bu Kitaba Çok Kızacak-1
7- Şeytan Bu Kitaba Çok Kızacak-2
8- Ölümü Düşünmeyenler İçin Ölüm Kitabı
9- Allah İnsana ne Demişti
10- Allah İle Dostluk Nasıl Kurulabilir?
11- Bir Bayan Niçin Örtünmek İstemez?
12- Allahım Senden Özür Diliyorum
13- Müslümanım Diyen Bir İnsan Niçin Namaz Kılmak İstemez?
14- Mükemmel Bir Namaz İçin Namazda Huşuya Götüren 155 Etken
15- İstanbulda İman Nasıl Artar Ve Nasıl Azalır?
16- Müslümanım Diyen Bir İnsan Niçin Peygamberimizi Örnek Almak İstemez?
17- Şeytan Bu Kitaba Çok Kızacak (Animasyon)
18- Cenaze Namazım Kılınmadan Önce Namaza Başlamak istiyorum Ama Nasıl?

Görüş ve eleştirileriniz için:
feyzullahpolen@hotmail.com

Bu kitabın oluşumuna katkılarından dolayı aşağıdaki okuyucularıma teşekkürü bir borç bilirim.

Özlem Gürtürk *Bolu,*
Melike Çağrı, *Adana,*
Nihal Gürbüz, *Malatya,*
Ülker Arslan, *Kırşehir,*
Aygül Saka, *Zonguldak,*
Neşe Saka, *Zonguldak,*
Bircan Türker, *Zonguldak,*
Ayşe Hanım, *Berlin, Almanya*
Elif Doğan, *Gümüşhane,*
Makbule Bayrak, *Gümüşhane,*
Hacer Hanım, *Urfa.*

ÖNSÖZ

※

Yeni bir kitap yazmam için çalışma laboratuarıma (odama) geçip duygularımı, düşüncelerimi, araştırmalarımı, başörtüsü takan ve takmayan okuyucularımla yapmış olduğum röportajlarımı ve yapmış olduğum anketleri harmanlayıp kitaplaştırmak için ilk adımımı atmama izin veren Allah'a teşekkür ediyorum. Şu an çalışma masamda Kur'an-ı Kerim, genişçe hazırlanmış Kur'an fihristi, yerli ve yabancı yazarların başörtüsü hakkında yazmış olduğu bir kaç kitap, yapmış olduğum anketler ve okuyucularımdan gelen mektuplar...

Yayınlanan herhangi bir broşür, dergi ya da kitabın içeriği ne olursa olsun, o ürünü birileri tarafından hazırlanmış bir 'ilaç' olarak gördüğüm için çalışma odama laboratuar, çıkan ürüne de ilaç diyorum.

İnşaallah masamdaki malzemelerden yan etkisi çok az olan ve okuyuculara fayda veren ilaçlar ortaya çıkar.

Kitap yazmaya başlamadan önce içinde bulunduğum toplumun Allah ile olan ilişkisini mercek altına alırım. Daha sonra Allah-insan ilişkisine zarar veren etkenleri tespit ederek aşağıdaki sorulara doyurucu cevaplar bulmaya çalışırım.

1- Bu mikroplar (sapık düşünceler, batıl fikirler ve yanlış anlaşılmalar vs.) hangi ortamda ve kimler tarafından üretildi?

BİR BAYAN NİÇİN ÖRTÜNMEK İSTEMEZ?

2- Hangi isimle ve ne tür vaadler sunarak müptela olurlar?

3- Bu mikrobun akideye (inanca) olan tahribatının derecesi nedir?

4- Mikrobun etki süreci ve insanın hayatına yansıma şekilleri nelerdir?

5- Ve bu mikrobu taşıyan kişi, çevresine ne tür zararlar verir?

Bu mikrobu ve üreme merkezini tespit ettikten sonra yukarıdaki beş sorunun cevabını o mikrobu taşıyan insanların yaşayış şeklinden, konuşmalarından, okuduğu kitap ya da dergilerden, seyrettiği programlardan ve değer yargılarından bulmaya çalışırım.

İzlenimlerimi not defterime kaydettikten sonra tespit ettiğim hastalıktan bir vesileyle kurtulmuş kişilerle tanışmaya çalışırım.

Mesela, nikotin taşıyıcısı olan bir tiryakiye;

- İlk ne zaman başladın?
- Nasıl bir ortamdı?
- Hangi durumlarda daha çok sigara içme ihtiyacı hissedersin?
- Sana sigaranın zararını nasıl anlattılar?
- Anlattıkları ne derece inandırıcı oldu?
- Bir anlık da olsa bırakmayı düşündün mü?
- 'Dokturunuz sigarayı bırakmazsan bacağını kesmek zorunda kalırız' deseydi, bırakmak ister miydiniz? gibi sorular sorarım.

Daha önceleri hiç sigara içmemiş ya da bir dönem içtikten sonra bırakmış olan kişilere de benzer sorular sorduktan sonra;

- İlk ne zaman bırakmaya karar verdiniz?

Önsöz

- Bırakmanıza sebep olan en önemli etken ne idi?
- Sigara kullananlarla, bırakmak isteyip de bir türlü bırakmayanlara neler tavsiye edersin? gibi sorular yöneltirim.

Aldığım cevapları, sigarayı bırakma tecrübemle harmanlayıp sigara içen bir kişiye sigaranın insan bünyesine yapmış olduğu tahribatı ve kurtulma yollarını çok rahat bir şekilde anlatarak ikna etmeye çalışırım.Söze yemekten sonra içilen sigaranın vermiş olduğu tadı ya da kederlenince içilen bir sigaranın bir şekilde sakinleştirdiğini inkar ederek başlamam.

Ama tüm bunlara rağmen yemekten sonra ve kederlenince sigaraya dokunmadan da rahatlamanın yollarını anlatmaya çalışırım.

İnanın hiçbir mazeret beyan etmiyorlar. Çünkü karşılarında 10 yıl sigara içmiş ve en son Marlboro sigarası 55 bin lirayken bırakmış (takriben 9 yıl) bir tecrübe var.

Şunu anlatmaya çalışıyorum;

- Önümüze çıkan problem ne türden olursa olsun –ister sağlık problemi, ister fikri problem- çözüme dört merhaleden ulaşılır:

1- Problemin teşhisi.
2- Nereden ve neden kaynaklandığının tespiti.
3- Problemin zorluk derecesi.
4- Çözüme katkı sağlayacak malzemelerin sağlanması.

***

Sorunlarını benimle paylaşmak isteyen okuyucularımın problemlerini çözmeye çalışırken de, bahsetmiş olduğum dört metodu titizlikle uygulamaya çalışırım.

Kitaplarıma cep numaramı yazdığım için her yaş ve cinsten okuyucular mesajlar gönderirler. Kimileri kitap hakkında sorular, eleştiriler ve tebrikler gönderir, kimileri de eşi, ailesi, patro-

BİR BAYAN NİÇİN ÖRTÜNMEK İSTEMEZ?

nu, sevdiği şahıslarıyla olan problemlerini paylaşmak isterler. Bayanlar; özellikle mesaj atmadan yanalar... Haklılar tabii... Konumuza ışık tutacağına inandığım için, bir-iki tanesini anlatayım;

03.09.2004 tarihinde 23:52'de gelen bir cep mesajı: *"Hocam, rahatsız ettiğim için kusura bakmayın; ama bunalım geçiriyorum. Kendimi aşağılık olarak görüyorum. 20 yaşındayım ve ölmek istiyorum. Hayattan bıktım. Cevap lütfen."*

"Hayattan bıktım" sözünden erkek bir okuyucu olduğunu düşündüm; ama yine de yanılma payını gözönüne alarak şu mesajı gönderdim: *"Sorunlarını bana açmak istediğin için inan çok mutlu oldum. Kesinlikle rahatsız olmuyorum. Cep telefonum 24 saat açık. İstediğin an sorunlarını benimle paylaşabilirsin. Aramızda kalacağından emin olabilirsin*[1]. *Beni bir abi olarak gör..."*

"Zaten öyle görüyorum" mesajı kendisine faydamın dokunabileceği özgüvenini verdi bana. Bunalıma giren bir insanın o girdaptan kurtulmasına vesile olmaya çalışmak müthiş bir duygu...

Hemen arkasından 3. mesaj:

"Sevdiğim kız beni terk etti hocam. Her saniye aklımda ve çıkmıyo..."

Tahminimde yanılmamışım. 20'lik bir delikanlıyı hayattan soğutan sorun, kız tarafından terk edilmekten başka bir sebep olamaz zaten.[2]

Mesaja gerek duymadan aradım ve karşılıklı merhabalaşmalardan sonra kendisini dinledim.[3]

---

[1] Belki de binler okuyacak bu mesajı ama, isim ve numara vermediğim için problem yok.
[2] Elbette tek sebep değil... Ama %95 kız meselesi.
[3] Bana 'abi' diye hitap etmesini istedim. O da abi demeye başladı.

Önsöz

- 'Abi onu çok seviyodum!'
- 'O da seni seviyo muydu?'
- 'Evet abi!'
- 'Sonra?'
- 'Üniversiteyi kazandı ve beni terk etti...'
- 'Seni hiç aradı mı?'
- 'Yok abi, hiç aramadı!'
- 'Belki kontürü bitmiştir ya da arayacak parası yoktur'diyemezdim tabii...
- 'Onun seni sevdiğinden emin miydin?

Bir anlık tereddütten sonra;
- 'Ben öyle biliyodum'.

'Biliyodum'. '-dum'la biten cümle, 'demek ki değilmiş' dedirtti.
- Peki unutmaya çalıştın mı?
- Çalıştım, ama olmuyo!

Şunları diyemezdim:
- Boşveer.. Unut gitsin...
- O seni sevmemiş gözüm...
- Adresini al ve git sebebini sor...
- Başka bi tane bulursun...

Kalpte kökleşmiş bir sevginin kolay kolay çıkması beklenemez zaten...
- 'Peki, hayattan soğutmaya çalışan[4] tek sebep bu mu?' dedim.
- 'Ağırlıkta o... bi de kolumu makinaya kaptırdım. Ha!

---

[4] 'Hayattan soğutan' demedim. Hala hayatın içinde olduğunu ve problem yaptığı şeyin, hayatını karartmaya çalıştığı bir virüs olduğuna inandırmam gerekiyordu.

BİR BAYAN NİÇİN ÖRTÜNMEK İSTEMEZ?

Bi de annemle babam ayrıldılar... Hayat çok ağır abi...'
- *'Geçmiş olsun! Ciddi bir problem var mı kolunuzda?'*
- *'Şükürler olsun, duruyo abi... Sadece biraz iz bırakacak ezilme oldu...'*

Arkadaşımızın hayatını kararttığına inandığı üç olay:
1- Terk edilmek,
2- Bu yetmezmiş gibi kolunu makinaya kaptırması,
3- Bu da yetmezmiş gibi ailesinin dağılması...[5]

Devam ediyoruz telefon görüşmesine;
- *'Abi neden bu tür şeyler hep beni buluyor? Çok mu suçluyum, Allah beni sevmiyo mu?"*

Arkadaşta şöyle bir inanış hakim:
'Allah sevmediği kullara zarar verir, canını sıkar ve hayata küstürür...'

Zaten sevdiği terketmiş, bir de Allah tarafından terk edilme hissi gerçekten de hayatı çekilmez kılar.

Arkadaşımıza, Allah'ın kendisini sevdiğini, gözetip kolladığını ve bir şekilde insanları imtihan süzgecinden geçirdiğini (belalar, musibetler, candan ve maldan eksilmeler vs.), hayatın;

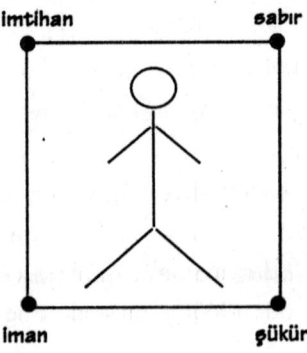

[5] Aslında normal vakalar... Ama arkadaş gözünde çok büyüttüğü için 'bu yetmezmiş gibi' dedim.

Önsöz

bu dörtgende geçtiğini farklı üsluplarla anlattım. Kız meselesi ve diğer iki problemini ön plana almadan Allah'ı tanıtmaya ve sevdirmeye çalıştım. Hani derler ya, bataklık kurutulmadan sivrisinekle mücadele yapılmaz!.

Ses tonundan biraz rahatladığını hissettim. En kısa zamanda ziyaret edeceğim inşaallah...

Gelen 2. mesaj bir bayan okuyucumdan.[6] *'Hocam ben çok büyük bir günah işledim. Kendimden nefret ediyorum. Bana hiç ama hiç yakışmayan bir günahtı...'*

Okuyucumuzun evli olduğunu, eşinin pavyonda çalışan bir bayanla da evli olduğunu, ikinci eşinden çocuklarının olduğunu ve aile içi problemler yaşadığını önceden mesajlamıştı. Çözümler üretmeye çalıştım. Zannedersem yardımcı olmaya çalışmamdan cesaretle sırrını açmak istedi. İşlediği suçu söylemesinden yana değildim ve ilk önce söylemedi de. Ona da şu mesajları yazamazdım:

- Tevbe et ve bir daha da aynı hatayı işlememeye çalış!

- İşlediğin suç tahmin ettiğim gibiyse, evet ben de size yakıştıramadım.

- Biraz zor affedilirsin ama yine de tevbe et!

Bacımızın işlediği suçtan pişmanlık duyması çok güzeldi. Belli ki şeytan bir anlık gafletinden yararlanmış. Devam edegelen hatalar zinciri değildi işlediği günah.

İşlenen bir eylemin hemen akabinde pişmanlık duymak, özeleştiri yapmak, kendine yakıştıramamak demek, aynı vakanın (en azından kısa bir zaman diliminde) tekrarlanma olasılığının çok zayıf olduğu anlamına gelir. Pişmanlık süreci iyi değerlendirilirse sorun çözülür. Doğru zamanda doğru ilaç mutlaka

---

[6] 3, 4 ay önce kitabımı okuyup adını da mesaja yazarak memnuniyetini dile getiren mesaj göndermişti. Birkaç kez düşündürücü mesajlar attım. O da benzeri mesajlar gönderdi. Bu okuyucumuz Ankara ya yakın bir ilde ikamet ediyor.

BİR BAYAN NİÇİN ÖRTÜNMEK İSTEMEZ?

fayda verir.[7]

Bacımızın içinde bulunduğu atmosferin şöyle olduğuna inanıyorum:

- 'Allah'ım! Ben sana inanmış ve dini vecibelerimi yerine getirmeye çalışan bir kulum... Sen benim bütün ihtiyaçlarımı tedarik eden bir yaratıcısın. Cinsel ihtiyacımı da bana helal gördüğün eşimden karşılıyorum. Ama bir anlık da olsa, bana helal adresi göstermene rağmen, ben nefsime yenik düştüm ve iş arkadaşımla zina yaptım.[8] Hem senin sözüne kulak vermedim, hem helal ikramına nankörlük yaptım, hem eşime ihanet ettim, hem de kendime yakıştıramadım'.

Tam bir bunalım atmosferi...

Yapacağım iş olayı gizlemekti ve ilk önce şu mesajı gönderdim:

"Sakın başkası ya da başkaları bilmesin. En yakın bayan arkadaşınız bile!"

Bu konuda oldukça bilinçli olduğunu söyleyince rahatladım. Bayan kardeşimizin bir anlık da olsa, kendisinin hata yapmaya meyyal yaratılmış olduğunu, melek ya da peygamber olmadığını, her insanın benzeri bir hata yapabileceğini ve Allah'ın da insanlara tevbe kapısını gösterdiğini ve suçun cinsi ve büyüklüğü ne olursa olsun içten ve samimi bir özür dilemeyle bağışlayacağını vaad ettiğini unuttu. İşlediği günahtan sonra kendisini haşa Allah yerine koyarak nefsini kınadığını,

- 'Nasıl böyle yaparsın? Seni nasıl affederim?' diye yargılandığını düşünmüştür. Böyle bir atmosfer içindeki her insan karamsar olur, tevbe etmeye dahi yüzünün olmayacağı hissine kapılır. Ben olsam affetmem, Allah nasıl affetsin ki diye düşü-

---

[7] Allah'ın izniyle ve izin verdiği kadar tabii...
[8] Sonradan zina ettiğini mesajladı.

Önsöz

nerek hem Allah'ın rahmet, tevvab ve ğafur sıfatını görmezlikten gelir, hem de tevbe kapısını kendi elleriyle kapar.

Tam da şeytanın arzuladığı bir an... Ümitsizlik batağına düşmüş bir av!..

- 'Şuna bak! Bir de namaz kılıyor!' dedirterek diğer ibadetlerden de soğutmaya çalışır.

Yapacağım ilk iş, nasıl bir ortamda çalıştığını ve zinaya giden yol ya da yolları tespit edip o kanalları tıkamaya çalışmaktı. Ve çalıştığı ortamı anlatmasını istedim. Şu mesaj geldi:

-*'Aslında çalışmak istemiyorum... ama mecburum."*

Ona;

- 'Çalışmak istiyor musun?' diye sormamıştım. Belli ki kendisi de çalışmaktan rahatsız. Yoksa ne diye söylesin ki... Mesaj göndermeye devam etti.

- *'Maalesef bulunduğum ortamda erkekler var. Bayan ve erkekler karışık bir ortamda çalışıyoruz.'*

Ateşle barut var oluşundan bu yana birbirlerini hiç sevmezler. Ateş, barutu yakmama sözü veremez. Barut da ateşleyici sıfatına güvenip de ateşe yaklaşmaz. Bilir ki yanar...

Bacımız üç yıldır o ortamda çalışıyormuş ve ilk kez o hatayı işlemiş.

Acaba bacımızın eşiyle bir problemi mi var diye düşünüp sorduğumda, "Hayır!" dedi.

Ortam değişikliği birinci çözümdü.

- 'Ortamı değiştirme imkanınız var mı?' diye sordum.

- *'Şirketin bir çok ilde şubesi var ama çok zor...'* dedi.

- 'Günün kaç saati karşılaşıyorsunuz ya da hangi zaman dilimleri arasında karşılaşma olasılığı artıyor' diye sordum.

- *'Aynı ortamdayız ama sadece çay ve yemek paydoslarında. Ve aynı servisi kullanıyoruz.*

BİR BAYAN NİÇİN ÖRTÜNMEK İSTEMEZ?

Aynı ortamda olup da edilen tevbelere rağmen yüzyüze gelindiğinde yapılanların bir film şeridi gibi gözleri önüne gelmemesi mümkün değil. Ve film başa saracak... Sanki az önce o fiil işlenmiş gibi bir his uyandıracak.

Yukarıdaki düşüncemi sordum...

- *'Evet'* dedi.
- 'Yeni bir teklifte bulundu mu?' diye sordum.
- *'Evet..* Ama kendisine çok kararlı olduğumu ve bir cahillik ettiğimi, bir daha da asla düşünmediğimi, bir daha teklif etmemesini söyledim,' dedi.
- 'Çay ve yemek molalarında ve serviste elinde mutlaka orta boy bir Kur'an olsun. Okumasan dahi (ki okumanı tavsiye ederim) elinden düşürme. Bakalım yeni bir teklif yapacak mı?' dedim ve başka tavsiyelerde de bulundum. Aradan 1-2 ay geçti, şu mesajları gönderdi:

'Yüzyüze gelmemeye çalışıyorum. Zannedersem o da akıllandı ve bir daha da yanıma bile yaklaşmadı.' Sonra şu mesaj:

'Eşimin ikinci eşi bir çocuğunu bırakarak kaçtı. Eşim de pişman oldu; ama şimdi çok mutluyum.'

Bu kitabı okuyucu mesajlarıyla kabartmak istemiyorum. Basit de olsa önceki sayfalarda notladığım dört metodun işleyişini anlatmak istedim.

Yazdığım kitapların tamamında bayan-erkek ayrımı yapmamama rağmen bazen;

- 'Hocam ya da Feyzullah abi, bayanlara yönelik kitap yazmayı düşünmüyor musunuz?' gibi cep mesajlarıyla ya da birebir görüşmelerde ve konferanslarımda soruyorlardı. Benim ise yarı esprili cevabım şu oluyordu:

- 'Yazdığım kitaplar erkeklere has değil. Hiç çekinmeden sizler de okuyabilirsiniz.'

Önsöz

Sadece bayanlara özel kitap yazmak deyince aklıma fıkhi konular gelirdi ve yeterince de kitap zaten vardı. Kesinlikle tekrar olurdu.

Yakın akrabalarımdan bazılarının başlarını örtmeleri, başı açık insanların bir çoğunun Ramazan ayında oruç tuttuklarına şahit oluşum ve komşularımızdan başları açık olduğu halde beş vakit namaz kıldıklarını işitir olmam, kitabımızın başlığını düşünmeme sebep oldu.

'Bir bayan niçin örtünmek istemez?'

Bu soruyu en yakın akrabalarımdan birkaç kişiye sorarak kitabımın temellerini atmaya başladım. Çok ilginç mazeretler beyan ettiler. Başörtü karşıtları değillerdi; ama maalesef söze hep şöyle başlıyorlardı:

- 'Örtülü değilim; ama...' ve arkasından mazeret demeçleri... Üzülüyordum tabii. Ama beni en çok üzen, onların başlarını açmalarından ziyade; 'ama...'ya sığınmalarıydı. Sanki haklılardı. Ses tonlarından anlıyordum.

'Bir şekilde ikna olmuşlar.'

Yani haklı bir gerekçeleri var. Sağlam bir delilleri var ve yarın Allah'ın huzurunda göğüslerini gere gere mazeret beyan edeceklerine inanmışlar.

'Ama'yla başlayan mazeret beyanlarını imza günlerinde, fuarlarda ve bazı konferanslarımda da işitmiştim. Her yaş ve her kültürden okuyucuların ve anket yapılan başı açık bayanların mazeretleri birbirlerine o kadar yakındı ki...

Yakın bir akrabamdan orta okula giden birine sorduğumda;

- 'Geleceğimi düşünmek zorundayım'... Yani okumak... Yani meslek sahibi olmak...

Üniversite okuyan bir yakınım da aynı mazerete sığındı...

Hazırlayacağım bu kitabın, okuyucuya fayda verebilmesi

BİR BAYAN NİÇİN ÖRTÜNMEK İSTEMEZ?

için ya da herhangi bir mazerete sığınarak kapanmayı düşünmeyen okuyucumun sığındığı mazereti bilmem gerekiyordu ki, kendisiyle o mazereti karşılıklı konuşalım. Kısacası bu kitabı eline alan her başı açık okuyucu aradığını bulmalıydı.

Numaraları kayıtlı başı açık ve örtülü okuyucularıma; 'Çevrenizde başı açık kişilere bu soruyu yöneltin ve örtünmeme mazeretlerini bir zahmet bana ulaştırın. Sadece mazeretlerini...' mesajını gönderdim. Bir çok ilde anketler yaptılar ve bazıları mektupla, maille, cep mesajıyla bana ulaştırdılar. Kendilerine çok teşekkür ediyorum.

Bazen başı açık okuyucularım şifaen görüşmek istediler ve kendileriyle bir bayan niçin örtünmek istemezi konuştuk. Kitabımın hazırlanışında çok faydaları oldu. Bir çok örtünmeme mazeretlerini en ince ayrıntılarına kadar irdeledik. Aynı diyaloğu başka okuyucularla mektup ve mailleşerek de yaptım. Birbirlerine yakın onlarca mazeretler... Başörtülülere de benzeri sorular sormuştum, ilk ne zaman kapandınız, kapanmanıza vesile olan ne idi, ne tür engellerle karşılaştınız ve engelleri nasıl aştınız vb.

Onların da tecrübelerinden faydalanarak çözümler üretmeye çalıştım. Ürettiğim çözümlerin pratiğe nasıl yansıyacağını görmek için 3-5 başı açık okuyucu ve birkaç sebepten açılmayı düşünen başı kapalı okuyucularla bu konuyu tartıştık. Kısa bir süre sonra peruk kullanmaktan vazgeçmeleri ve kapanmaları kitabım için beni oldukça umutlandırdı.

Bu kitabımın ilk muhatapları her ne kadar başı açık bayanlarsa da, başı örtülülere de fayda vereceği kanısındayım. Çünkü örtünenlerin (maalesef) bir çoğu Allah'ın dediği şekilde örtünmüyor. Kılık kıyafetlerine pek de dikkat etmiyorlar. Oysa ki örtü, sadece saçı gizlemez.

Kitabımızın hazırlık aşamasını anlattıktan sonra okuyucu-

Önsöz

nun faydalanabilmesi için aşağıdaki maddeleri gözönünde bulundurmaları daha çok fayda verir kanısındayım.

1- Bu kitapta daha çok diyaloğa yer verdiğim için, bu kitabı elinize aldığınızda kitabın hemen arkasında ben varmışım ve sizinle karşılıklı konuşuyormuşum gibi okumaya çalışın.

2- Kesinlikle başörtülüleri melek yerine koyup başı açıkları cehennemle korkuttuğumu ve cehennemlik olduğunu söylediğimi zannetmeyin.

3- Başı açık okuyucuysanız ilk önce örtünmeme sebebinizin geçtiği sayfayı okumamanızı, kitabımızın en azından giriş kısımlarını okumaya öncelik vermenizi tavsiye ederim. En güzeli baştan sona okumak tabii...

4- Kitabımın 'jenerik' sayfasına cep numaramı yazdım. 24 saat açık. Kafanıza takılan bir soru olduğunda ya da eleştirmek istediğiniz herhangi bir yazımı cep mesajıyla iletebilirsiniz. Hemen cevap vermeye çalışırım. Her tür eleştiri ve tavsiyelere açık olduğumu ve anlayışla karşılayacağımı da söylemiş olayım.

5- Kitabımı kaleme alırken kitap diliyle yazılmamasına gayret gösterdim.

Artık konumuza giriş yapabiliriz.

- 1 -
Örtünmek İsterim Ama, İkna Olmam Lazım

Yıl ; x.x.2001... Dükkandayım[9]. Telefon çaldı, bir bayan okuyucu:
- 'Merhabalar, Feyzullah Bey'le mi görüşüyorum?'
- 'Evet, benim'.
- 'Ben sizin bir okuyucunuzum. Bazı sorularım var, müsaitseniz görüşebilir miyiz?' dedi. Adresi verdim ve ertesi gün geldi. Başı açık; ama makyajlı değildi; açık da giyinmemişti. Önce hangi kitabımı okuduğunu sordum.
- 'Komşumuzun cenazesi vardı. Ablam, sizin 'Allah İnsana Ne Demişti?' adlı kitabınızın Kabir bölümünü cenaze evinde okudu. Zaten atmosfer de buna müsaitti ve çoğumuz ağladık[10].
- 'Ölümü ilk kez o an ensemde hissettim' dedi.
Kitaptan birkaç soru yönelttikten sonra aile yapısından bahsetti.
- 'Dindar bir ailem var. Annem ve babam hacılar. Ablam

---

[9] İstanbul, Beyazıt'ta tekstil dükkanı.
[10] Kitabımın Kabir bölümünün %95'i ayet, hadis ve alimlerimizin görüşlerinden derlemeydi. Benim katkım en fazla %5.

BİR BAYAN NİÇİN ÖRTÜNMEK İSTEMEZ?

kapalı ve İmam-Hatip mezunu. Ailemizde bir tek benim başım açık.
- 'Okul falan var mı?'
- 'Okul bitti. Şu an bir muhasebecide çalışıyorum.'
- 'Aileniz demiyor mu, kızım neden kapanmıyorsun? Annen kapalı, ablan kapalı, yengen kapalı!...'
- 'Demez olurlar mı! Her gün başımın etini yiyorlardı. Ama onlar da artık beni bu şekilde kabullendiler.
- 'Aileniz, kızım neden kapanmayı düşünmüyorsun?' dediğinde nasıl bir savunma yapıyordunuz?'
- Kapanmam için beni ikna edin kapanayım!' dedim.
- Güzeeel... Nasıl ikna etmeye çalıştılar?
- İmam-Hatip mezunu ablam Nur Suresi 31. ayeti okumamı isteyip başörtüsünün farz olduğunu söylüyordu. Babam ise çevresinden utandığından örtünmemi istiyordu. Annem, gelenek ve kültürümüzdeki öneminden bahsediyordu. Diğerleri de benzer nasihatlerde bulunuyorlardı.
- Peki, ablanız bahsettiğiniz ayeti okutmadan önce o ayetin sahibini tanıtmaya çalıştı mı? Yani Allah'ı...
- 'Yoo hayır! Zaten Allah'a inandığımı biliyorlar. Başı açık olduğuma bakmayın. Allah'a inanırım çok şükür. Ramazan oruçlarını tutuyorum. O noktada problemim yok çok şükür.
- Allah inancınızı öğrenebilir miyim? Yani Ayla Hanım nasıl bir Allah'a inanır?
- İlk kez böyle bir soruyla karşılaştığım için doyurucu bir cevap veremem.
- Rahat olun, bildiğiniz kadarıyla anlatın.
- Allah'ın var olduğuna ve evreni yönettiğine inanıyorum. Tüm her şeyi o yarattı. Ve her şeyin sahibi. Yarın herkes ölecek ve huzurunda toplanacaklar. İyiler cennete, inanmayanlar da cehenneme gidecekler... Ha bir de Allah tevbe edenleri ba-

Örtünmek İsterim, Ama İkna Olmam Lazım

ğışlar. Rahmeti gazabını geçmiştir. Şimdilik aklıma bunlar geldi. Hatırladıkça söylerim.

Bir yandan bacımızı dinlerken diğer yandan da bacımızın 'Allah-insan' ilişkisi bilgi zayıflığını nasıl gideririm diye düşünüyorum. Bacımızı bir anlık hayrete düşüren şok bir cümle söyledim:

- Kapanmamakla haklısınız!
- 'Nee!' dedi. Önce dalga geçtiğimi zannetti. Gayet ciddi olduğumu vurgulayarak tekrar söyledim.
- 'Kapanmamakla haklısınız Ayla Hanım! Ben olsam, ben de kapanmazdım' dedim.

Fazla merakta bırakmadan devamla;

- Kapanmamakla haklısınız dedim, çünkü Allah inancınız, ablanızın nasihat üslubu, babanızın çevresinden utandığından örtünmeni istemesi ve annenizin geleneklerden bahsederek örtünmenden yana olması ikna edici değil. O sebeple ben olsaydım, ben de kapanmak istemezdim dedim.

Bacımız bu açıklamalarım sonrası bu halini desteklemişim gibi algılamış olacağından halinden memnun bir atmosfere girerek;

- 'Kendilerine diyorum ama anlamıyorlar' dedi.

Kendisine fayda vereceğine inandığım hayat hikayemden bir kesit sundum.

- Zamanında imamlık yapmış babam;

'Namaz kılmazsanız sizi evlatlıktan reddederim diyerek gözümüzü korkuturdu. Bir hocanın evlatları nasıl olur da namaz kılmaz! Babam evde olduğu zaman kılıyorduk. Hem de;

- Kimin için kıldığımızı
- Namazla Allah'a nasıl mesaj ulaştırdığımızı
- Niçin kılmamız gerektiğini bilmeden...

BİR BAYAN NİÇİN ÖRTÜNMEK İSTEMEZ?

Korkumuzdan kendisine de soramıyorduk:
- Baba, namaz kılmak zorunda mıyız? Allah niçin namaz kılmamızı istiyor? Namazda niçin eğilip kalkıyoruz. Türkçesini bile bilmediğimiz sureleri niçin okuyoruz? vb...
Yani hoca evladı olmak namaz kılmamız için yeterli bir sebep değildi. Zaten çoğu zaman da kılmıyordum.
Buradan şu sonucu çıkarabilirsiniz:
- Babanızın, çevresinden çekinme sebebiyle örtünmek istememeniz doğal. Örtünmeniz için iyi bir sebep değil.
- 'Peki namaza ne zaman başladınız?' sorusunu bekliyordum zaten.

Aradan yıllar geçti. Ama şu soru kafamı hep kurcalıyordu;
- Namaz kılmak zorunda mıyım? Allah, niçin namaz kılmamı istiyor? Tabiri caizse kılacağım namazla Allah'a nasıl bir mesaj ulaştırmış olacağım...

Ya namaz kılacağım ve bundan da büyük bir mutluluk duyacağım ya da kılmayacağım ve haklı gerekçelerim olacak.

Namaz kılan bir insan, belki de farkında olmadan;
- Vaktinden fedakarlık yapıyor
- Uykunun en tatlı anını feda ediyor.

Kimin için olursa olsun, bir insan fedakarlık yapıyorsa, mutlaka o şahsı ya seviyor ya da bir minnet borcu ödüyor. Yoksa ne diye uykusundan olsunlar ki?

Bacımız başı yerde ve hak verir gibi hafif hafif başını aşağı-yukarı doğru sallıyordu.

Daha sonra 'Allah-insan' ilişkisini kuvvetlendireceğine inandığım Kur'an'ı incelemeye başladım. Kur'an'ı, bana, Allah tarafından gönderilmiş özel bir mektup olarak algılamış olmam 1400 sene önce söylenen sözleri güncellemiş oldum. Sanki yeni gönderilmiş, Feyzullah'a özelmiş gibi...

Örtünmek İsterim, Ama İkna Olmam Lazım

Ayetlerin başında olan;
- Ey insanlar!
- Ey iman edenler! 'Ey'den sonraki kelimelere adımı koyarak okumaya başladım. Yani
- Ey Feyzullah!
- 'De ki:...' ile başlayan ayetleri de...
- "Ey Muhammed, Feyzullah'a de ki, olarak algılayınca elimdeki Kur'an'ın hemen arkasında Allah varmış gibi varlığını hissederek okumaya başladım. Çok sonraları öğrendiğim Peygamberimizin bir sözü aklıma gelmişken söyleyeyim:
- 'Kim Allah ile konuşmak istiyorsa, Kur'an okusun'.

Kendisine boyun eğeceğim varlığı tanımam gerekir diye düşünüp Allah'ın isim ve sıfatlarının tecellisini (yansımasını) bedenimde ve doğada görmek için esma-ül hüsna kitaplarını okumaya başladım. Ve gördüm ki; Allah uyumuyor. Allah yarattıklarını başıboş bırakmıyor, Allah her an faaliyette. Allah yarattıklarını aralıksız besliyor. Aralıksız ikramlarda bulunuyor. Günah işleyen kullarını şeytanın kucağına itmeyip, rahmet sıfatını devreye koyarak tevbe kapısını gösteriyor. Hem de insanı utandırırcasına...

Elimdeki bana özel mektubu karıştırırken Allah'ın şeytanla olan diyaloğu dikkatimi çekti:
- '...Onların dosdoğru yolunda oturacağım. Ve çoğunu şükredici olarak göremeyeceksin' (Araf, 17).

Yani Feyzullah'la arana gireceğim ve Feyzullah'a vermiş olduğun ikramları unutturacağım. Feyzullah da sana teşekkür etme ihtiyacı hissedemeyecek. İkram etmeyen bir varlığa niçin teşekkür edilsin ki?

Dikkatimi çeken nokta, şeytanın;
- 'Çoğunu ibadet ediciler olarak göremeyeceksin!' dememesiydi. İbadet kavramı yerine şükür kavramını koydu. Demek

BİR BAYAN NİÇİN ÖRTÜNMEK İSTEMEZ?

ki Allah, insanların kendisine şükretmesini istiyor diye düşündüm. Aklıma hemen şu soru geldi:

- 'Acaba Allah'ın insanların teşekkürüne (şükrüne) ihtiyacı mı var?

Hani az önce dedik ya, kim Allah'la konuşmak istiyorsa, Kur'an okusun. Her şeyi en ince ayrıntısına kadar bilen Allah, yıllar sonra Feyzullah'ın aklına bu tür bir sorunun geleceğini bildiği için cevabını geciktirmemiş:

"... Şükreden ancak kendisi için şükretmiş olur, nankörlük edene gelince, o bilsin ki, Rabbimin hiçbir şeye ihtiyacı yoktur...' (Neml, 40).

Şu sorunun akla gelmemesi mümkün değil:

- Bir insan, Allah'a niçin ve nasıl teşekkür edecek?'

Sorumuzun cevabını Allah'tan alalım:

'Doğrusu biz sizi yeryüzüne yerleştirdik ve orada geçim vasıtaları verdik. Ne kadar da az şükrediyorsunuz.' (Araf, 10).

'O, sizin için kulakları, gözleri ve gönülleri yaratandır. Ne de az şükrediyorsunuz.' (Mü'minun, 78).

Düşünüyorum da sigara içtiğim dönemde, sigara uzatıldığında, daha sigarayı almadan teşekkür ediyordum. Beni zehirleyene teşekkür ederken, Allah'a neden teşekkür etmeyeyim ki?

- Allah'ın insanlardan (ihtiyacı olmamasına rağmen) teşekkür beklemesi, sizce doğal değil mi? dedim.

Ayla Hanım: "Evet, mantıklı..." deyince, konuşmama devam ettim.

Bunca ikrama karşılık yapılacak teşekkürün şeklini de herhalde kendisi belirler... Sizce?

Ayla Hanım: "Evet... Bu da mantıklı..." deyince...

İşte bu sebepten namaza başladım, dedim. Daha sonra namaz kılma şekilleri ve Allah'a nasıl mesaj verdiğimi Ayla Hanım'a anlattım.

Örtünmek İsterim, Ama İkna Olmam Lazım

Kanımca, Ayla Hanım beni dinlerken namazım yerine başörtüyü koyarak bir kıyaslama yapıyordu.

İçilen ikinci çaydan sonra konu ister istemez başörtüsüne geldi. Ayla Hanım'ın;

- 'Sizce kapanmalı mıyım?' sorusu iyi bir girişti.

- 'Tabii ki kapanmalısın ya da bak bu kadar konuştuk, artık kapan', demedim. Ayla Hanım ikna olmak istiyordu. Ben nasıl namaz için ikna olmuşsam, o da öylece ikna olmalıydı. Yoksa kapanmış olsaydı bile ya tam kapanmazdı, ya yanlış kapanırdı ya da kısa zaman sonra tekrar açılırdı ve tekrar kapanması da zorlaşırdı.

Ayla Hanım'a Allah'ın insan bedeni üzerindeki tasarruf yetkisini, yani insan bedeni üzerindeki söz hakkını bir şekilde ispat etmem gerekiyordu. İspat ettiğim an, Ayla Hanım'ın kapanmaktan başka çıkar yolu kalmayacaktı.

Ayla Hanım'a şu misali anlattım:

Kapı önünde güzel bir arabamın olduğunu ve anahtarı da üç şartla size emaneten verdiğimi düşünün. Şartlarım şunlar:

1- İstanbul dışına çıkmayacaksınız.

2- Kimseyi arabaya bindirmeyeceksiniz.

3- Gece 24:00'den sonra arabayı kullanmayacaksınız.

Bu üç şartı kabullendikten sonra;

- Arabaya annemi alırım ya da çevre illere gitsem ne zararı var? Aynı gün dönerim ya da gece 02:00'ye kadar kullanmamın ne zararı var? gibi sözleri söyleme hakkınız olabilir mi?

Ayla Hanım: 'Olamaz tabii. Çünkü araba sizin...'

Ben: 'Eğer arabanın bir tekeri ya da herhangi bir parçası size ait olsaydı, şartlarımı beğenmeyebilir ya da şartlarımı tekrar gözden geçirmemi isteme hakkınız olurdu. Bana katılıyor musunuz?'

Ayla Hanım: 'Haklısınız.'

BİR BAYAN NİÇİN ÖRTÜNMEK İSTEMEZ?

Ben: 'Ya arabayı almayacaksınız ya da şartları kabul edeceksiniz'. Başka seçenek yok ki! Size vermiş olduğum bu misalden şu sonuç çıkar: Araba Feyzullah'ındır ve emaneten vereceği kimselere istediği şartı koşar. Kimse itiraz edemez, ek bir şart koşamaz ve şartların tamamına uymak zorundadır. İki tanesini beğenip de birini beğenmeme lüksü olamaz. Katılıyor musunuz? dedim. Derin düşüncelere dalan Ayla Hanım:

- 'Galiba haklısınız' dedi.

O zaman asıl konumuza gelebiliriz dedim.

Şimdilik konu başlığımız:

Allah'ın İnsan Bedeni Üzerindeki Tasarruf Hakkı

Allah'a inanan, Allah'ı sevmeye ve dediklerini yapmaya çalışan bir insan olarak Allah'a şöyle bir soru yöneltiyorum:

- Allah'ım! Bedenim kime ait?
-Bana mı?
-Sana mı?
-Anne-babama mı?
-Doğumda yardımcı olan ebeye mi?

Eğer bedenim bana aitse, ister çıplak gezerim, ister tepeden tırnağa kapanırım, ister böbreğimi satarım, ister vücudumu jiletlerim, ister intihar ederim. Kimsenin karışma hakkı olamaz.

Eğer bedenimin tek sahibi annem ve babamsa kesinlikle onlara danışmam gerekir. Onlar ne derse o olur. Olmak zorunda. Eğer ebe hanıma aitse ki değil, onu hiç karıştırmayalım (Gülüşmeler yaşandı).

Eğer bedenimiz tepeden tırnağa Allah'ınsa (ki O'nun) kesinlikle söz hakkı da O'nundur. Şartları O belirler. Ayla Hanım'a dönüp;

Örtünmek İsterim, Ama İkna Olmam Lazım

- 'Sizce insan bedeni kime ait ve şartları kim belirler? diye sordum. Derin düşüncelere dalan Ayla Hanım;
- 'Allah'ın ve O belirler' dedi.
- 'Emin misiniz' dedim. Sadece kafa salladı. Devam ettim konuşmama...
- Allah'ım! Bedenim tepeden tırnağa senin ve sen bu bedeni ölünceye kadar bana emanet etmişsin. Emanetine hıyanetlik etmek istemiyorum. Hangi şartlarla verdin? diyorum. Şartlar şunlar:

1- Bedenine zulmetme (zarar verme).

2- Diz ile göbek arasını ört.

Şartları öğrendikten sonra tereddütsüz kabul ediyoruz. Akla şöyle bir soru gelebilir:

- 'Allah'ım! Koyduğun bu şartlarda çıkarı olan kim? Ben mi, Sen mi?

Tüm insanlar çıplak da gezseler, bedenlerine zarar verseler, Allah'a en ufak bir zarar veremezler ve değerini düşüremezler. Aynı şekilde yine tüm insanlar kapansa ve Allah'ın emir ve yasaklarını dört dörtlük dinleseler bile Allah'ın değerini arttıramazlar. Değeri düşen ve artan ancak insanın kendisidir.

Kalkmaya hazırlanan Ayla Hanım'a son söz olarak:

- Siz de aynı şekilde Allah'a sorun:

- Allah'ım! Başörtüsü meselesinde çıkarı olan kim? Ben mi, Sen mi?

Cevabınızı en kısa zamanda bekliyorum dedim ve teşekkürlerini sunarak gitti.

Takriben yirmi gün sonra Kadıköy'den Beyazıt'a gelirken minibüste cep telefonum çaldı.

- 'Hayırlı günler Feyzullah abi, ben Ayla... Hani dükkanınıza gelmiştim ya!'

BİR BAYAN NİÇİN ÖRTÜNMEK İSTEMEZ?

- 'Tamam, hatırladım. Nasılsınız?'
- 'Çok şükür daha iyiyim. Size müjdeli haberi vermek için aradım. Ben kapandım ve namaza başladım'.

O anki sevincimi bir ben, bir de Allah bilir.

- 'Eğer yarın müsaitseniz tekrar görüşmek isterim.'

Memnun olacağımı söyleyip telefonu kapadım ve:

- 'Allah'ım! Eğer dediğin şekilde kapanmışsa sana çok teşekkür ederim', dedim.

Ertesi gün, geldi. Ayla Hanım gitmiş, başka bir Ayla Hanım gelmiş. Başörtüsünü o kadar sıkı bağlamış ki, neredeyse boğulacak. Bu kez nasıl giyinmesi gerektiğini konuştuk. Okuyup kendisini geliştirmesi için birkaç kitap tavsiye ettim.

Yirmi günü nasıl geçirdiğini sormadım. Ama o teker teker anlattı. Özetle

- 'Başımı örtmemi istemekte Allah haklıymış' dedi.

Ben de;

- 'Yani :))' dedim.

- 2 -
Örtünmem Gerekiyor,
Ama Geleceğimi Düşünmek Zorundayım

Bu sözler henüz on dört yaşında, orta ikiye giden yeğenime ait.

Bir bayram günü, babamların arka balkonunda balkon demirlerine yaslanmış güneşin batışını izlerken yumuşak bir ses tonuyla;
- 'Örtünmeyi hiç düşündün mü Mervecim?' dedim.
- 'Okuyorum ama dayı! Başı kapalı okunmaz ki!'
- 'Niçin okuyorsun?' dedim tebessüm ederek...
- 'Geleceğimi düşünmek zorundayım'.
- Geleceğini düşünmekle doğru düşünüyorsun. Tebrik ederim. Hem de bu yaşta!
- 'Gelecek anlayışını öğrenebilir miyim Mervecim?'

Merve: 'Üniversite okuyacağım, bitirince diploma alacağım. En azından bir mesleğim olur.'
- 'Ya okumazsan? Mesleğin olmaz. Öyle değil mi?'

Merve: - 'Ama gerekli değil mi dayı? Diyelim evlendim ve bir süre sonra ayrıldım. O saatten sonra anne babama mı yük

BİR BAYAN NİÇİN ÖRTÜNMEK İSTEMEZ?

olayım?
Aman Allah'ım! dedim. Tabii içimden dedim. Kaç yaşındasın Merve?
Merve: 14.
Üniversiteyi kayıpsız kazanıp, kayıpsız bitirdiğinde kaç yaşında olacaksın? Sanki önceden hesaplamış gibi hiç düşünmeden;
- '22' dedi.
İki yıl da iş bulma süreci ya da staj dersek, kaç yaşında olursun?
- '24'.
Tabii bu arada ölmeyeceksin... (Gülüşüyoruz)
- Aradan hiç zaman geçmeden evlendiğini düşün. Yani 24-25 yıl başını örtmemiş olacaksın. O saatten sonra kapanacağına inanıyor musun?
Artı, üniversiteyi kazanamama, kazansan bile bitirememe, bitirsen bile iş bulamama, bulsan bile evlenememe riskini düşündün mü hiç?
Merve: 'Yaa dayııı!'
- 'Annenin mesleği var mı?'
Merve: - 'Hayır!'
- 'Anneannenin?'
Merve: -'Hayır!'
- 'Babaannenin?'
Merve: -'Hayır!'
- 'Yengelerinin?'
Merve: -'Hayır!'
Sülalende boşanan var mı?
Merve: -'Hayır!'
Tebessüm ettiğimi görünce yine;

Örtünmem Gerekiyor, Ama Geleceğimi Düşünmek Zorundayım

- 'Yaa dayııı!' demeye başladı.

Şeytanın seni de kandırabileceğini düşündün mü hiç?

Merve: -'Anlayamadım dayı?'

Şeytan bazen ne yapar, biliyor musun? Muhatabının zayıf noktasını tespit edip çok ilginç ve dramatik senaryolar hazırlayıp vakti geldiğinde muhatabına izletir.

Filmin sonu kendi adına acıklı biteceği için önlemini erkenden almaya çalışır. Örümcek ağına düşen bir av gibi olur. Kolay kolay kurtulamaz.

İnsan düşmanı şeytan, sana da senaryo hazırlamış. Filmi anlatayım mı?

Merve: -'İyi olur!'

Şeytan: Okuyup kültürlü olman lazım. Senin tüm yaşıtların okuyor. Onların yanında cahil cahil oturmak istemezsin herhalde. Bir şekilde oku ve diploma al. Kolunda altın bir bilezik olmuş olur.*

Evlenip ayrılmış olsan bile ayaklarının üzerinde durursun. O yaşta herhalde anne babana yük olmak istemezsin. Bir de çocukların varsa, daha da problem... Onların geçimi, okulu, senin geçimin, özel zevklerin...

Sen kültürlü bir kızsın. Herhalde eşinin eline bakacak değilsin.

Dayın istediği kadar başını örtmen gerekiyor desin. Okulu bitirince kapatırsın. Herhalde kimse sana illa da açacaksın demez!

- 'Ya diploma almadan ölürsen, ne olacak Merve?' sorusuna da şeytan şöyle diyecek:

---

* Doğu'da, meslek sahibi olunduğunda, kolunda altın bir bilezik taşımış olursun derler.

BİR BAYAN NİÇİN ÖRTÜNMEK İSTEMEZ?

- 'O senin değil, yönetmeliğin günahı. Sen isteyerek açmıyorsun ki?'

Özetlersek:

Şeytan: 'Okursan, on sene sonra boşansan bile geçim sıkıntısı yaşamazsın. Okumasan, boşandığında geçim sıkıntısı yaşarsın.

Merve: 'Ya dayı, içimden geçen sesler bunlar. Hem çevredekiler de aynı şeyi söylüyor.

Ben: 'Onların şeytanlarının boş durduklarını mı zannediyorsun?' dedim.

Unutma ki Mervecim, dindar bir ailenin boşanma olasılığı çok zayıf. Yine unutma ki, üniversitede başını açıp başı açık bitiren bir bayan kolay kolay tekrar kapanmaz.

Haliyle de başı açık bir bayanı da dindar bir aile almak istemez. Gazetelere bak bakalım, boşanma olasılığı hangi kesimde fazla?...

Bu kez başörtüyle arasına okulu koyarak;

- 'Okula gitmeyeyim de evde mi oturayım?'
- 'Okula gitme demedim ki!' dedim.

Merve: 'Göster bana kapalıların okuyacağı ya da okuduğu bir okul, oraya gideyim!'

Bu kez espri olsun diye;

- 'Yaa Merve' dedim... Kendisine hak verdiğimi zannetmiş olmalı ki anlamlı anlamlı kafasını sallayarak gülmeye başladı.

Artık haklı (!) bir gerekçesi vardı;

- 'Madem başörtüye müdahale etmeyen okul yok, evde oturup kısmet beklemektense başı açık okumak daha doğrudur.'

Tesettürlü annenle, namaz kılan baban ne diyor bu işe?

Merve: -'Kesinlikle okumamdan yanalar.'

Örtünmem Gerekiyor, Ama Geleceğimi Düşünmek Zorundayım

Onlarda mı ileride boşanmandan korkuyorlar? Bak Mervecim! Okuma demiyorum. Unutma ki başörtülü bir şekilde üniversite okumuş ve diplomasını almaya ramak kala başörtüsünü çıkarmadığı için başörtüsünü diplomasına tercih eden yüzlerce insan var. Bunlar evde oturmuyorlar. Kitap okuyorlar, dil kurslarına gidiyorlar, bazı mesleki kurslara gidiyorlar ve bir şekilde evleniyorlar. Yani evde kalmıyorlar.

Onlarla aranda ne fark olur, biliyor musun? Onlar başörtülü ama diplomasız, sen başı açık, ama diplomalı.

Onlar Allah'ın rızasını kazanmak için okulunu feda ettiler, sen okul için başörtüsünü... Beni anlıyor musun Mervecim, dedim.

Merve: - 'O zaman annemle konuş!'

- 'Peki, öyle olsun' dedim.

- 3 -
Allah Beni Başı Açık Olarak da Sever

Akşam yemeği için sofradayken gelen bir cep mesajı:

'Feyzullah Bey, bir bayan niçin örtünmek istemez kitabınız ne zaman çıkacak?'

'Hazırlık aşamasında' mesajını gönderdim. Beş dakika sonra!

'Ben başı açık bir okuyucunuzum. Şeytan setinizi okudum. Kitap içinde 'yakında çıkacak' ilanınızı gördüğümden sordum.' mesajı geldi.

Cep telefonumda kayıtlı olan birkaç düşündürücü mesajlar gönderdim. Üç beş gün sonra görüşmek istedi. Kitaptaki adreste olduğumu mesajladım. Kendisinin Aksaray'da özel bir şirkette çalıştığını ve gelmesinin de zor olacağını mesajladı. Aksaray zaten yolumun üstündeydi.

Randevulaştık ve öğlen yemeğinde şeytan setini konuştuk. İşyeri sahipleri muhafazakar bir görüntü sergilediler ve iyi karşıladılar.

Konu ister istemez Feride Hanım'ın başörtü meselesine geldi.

BİR BAYAN NİÇİN ÖRTÜNMEK İSTEMEZ?

İşyeri sahibi İbrahim Bey:

- 'Feride Hanım kapansın; pardesü, etek, ayakkabı, çanta ve başörtüsü bizden' dedi. Feride Hanım tebessüm ederek başını öne eğdi.

Yıllardır kapanmayı düşünmeyen Feride Hanım'ın kapanmasına vesile olur muydu bu teklif? Feride Hanım maddi problemden dolayı kapanmayan bir insan değildi. İlk önce, Feride Hanım'ın aile yapısını öğrenmem gerekiyordu. Ailesinde kimler kapalı, kimler açık, kapanması için ne tür tavsiyelerde bulunmuşlar vs.

Gerekli açıklamaları yaptıktan sonra:

- 'Kapanırsam ailem ne der?' diye düşündüğünüz oldu mu?

Feride Hanım: -'Kapanmaya karar verirsem kimseyi dinlemem Feyzullah Bey!'

O zaman aynı soruyu size de sorayım:

- 'Feride Hanım niçin kapanmak istemez?'

Sorumu tebessümle karşılayan Feride Hanım biraz ciddileşerek;

- 'Ben namazımı kılan, Kur'anımı okuyan ve bazen Eyüp Sultan Camisine giden bir insanım. Başı açık olduğuma bakmayın! dedi.

Başı açık olan insanların genelinde aynı psikoloji var. Zannediyorlar ki kendilerini, 'Günahkar, Allah'ın rahmetinden kovulmuş, Allah'a inanmayan, ibadetlerin hiçbirini yapmayan, Allah'tan korkmayan, orucunu tutmayan, namusunu korumayan' olarak görüyoruz / görüyorum.

Bu düşüncelerimi Feride Hanım'a da anlatarak;

- İkimiz de aynı Allah'a inanıyoruz.

- İkimiz de aynı Allah'ı sevmeye ve dediklerini yapmaya çalışıyoruz.

- İkimiz de hesap gününe ve Allah'ın sevdiklerini cennete

Allah Beni Başı Açık Olarak da Sever

alacağına inanıyoruz.
- İkimizin de kıblesi bir.
- İkimizin de elindeki Kur'an aynı.
- Okuduğumuz Yasin-i Şerif'teki ayetler aynı.
- İftar ve sahur saatlerimiz aynı.

Dikkat ederseniz ortak özelliklerimiz gayet fazla. Yani rahat olun Feride Hanım, sizi din düşmanı olarak görmüyorum. Ya da Allah'ın sevmediği bir insan olarak da görmüyorum. Lütfen beni böyle tanıyın.

Feride Hanım'ın önyargısını kırmak için 1998 yılında Sivaslı bir komşumuzun bana ilginç sorusunu ve ona karşı tavrımı anlattım:

Dükkanımda, 'Tefekkürün Gücü' isimli kitabımı yazıyordum. Ateist olan komşumuz geldi ve bana;
- 'Feyzullah abi, bir şey sormak istiyorum. Ama kızma!'
- 'Kızmamaya çalışırım, inşaallah' dedim.
- 'Allah yanlış yapmış abi!' dedi.

İçimden 'Haşa, Allah nasıl yanlış yapar! Yanlış yapan bir varlık ilah olmaz ki... Olamaz da zaten... Kızgınlığımı yüz ve ses tonu ifadesiyle belli etmemeye çalışarak;
- 'Nasıl yanlış yapmış? İnan merak ettim! Varsa biz de bilelim! dedim. Başladı anlatmaya;
- 'Abi, Adem ile Havva evlenmişler, çocukları olmuş, bir daha çocukları olmuş ve kardeşler evlenmişler ve nesiller çoğalmış.
- 'İki kardeş nasıl evlenirler abi?' dedi.

Önder kardeşe verilecek üç cevap vardı.

1- Allah, kesinlikle yanlış yapmaz. Yanlış yapsaydı, senden daha ateistler bunu ispat ederdi. Ne firavunlar, Ebu Cehiller geldi geçti ve kimse Allah'ın bir yanlışını göremedi. Allah'ın ya-

BİR BAYAN NİÇİN ÖRTÜNMEK İSTEMEZ?

ratışında ya da isim ve sıfatlarında en ufak bir problem olsaydı, mutlaka ortaya çıkardı.

2- Bilmiyorum.[11]

3- Allah'ın yanlış yapmayacağını ispat etmek olacaktı. Cevabını çok sonraları öğrendiğim bu soruyu cevaplamak için 3. maddeyi seçerek Önder'e şu soruyu yönelttim. Tabii; sorarken de sıkıştırıp mat etmek için değil, öğrenmesi için yumuşak bir ses tonuyla;

- 'Havlayan bir kedi gördün mü Öndercim?' dedim.

Önder: -'Hayır!'

- 'Miyavlayan bir aslan gördün mü belgesellerde falan?'

Önder: -'Yoo, hayır!'

- 'Ceviz kırdığında içinde erik çıktı mı?'

Tebessüm eden Önder:

- 'Yoo, hayır!' dedi.

Ben devamla;

- 'Yerden göğe doğru yağmurun yağdığına şahit oldun mu Önder?' dedim.

Önder: -'Hayır, şahit olmadım!'

Yıllardır karpuz yiyorsun, değil mi? dedim.

Önder: -'Evet, mevsimi gelince yiyorum!'

- 'Karpuz kestiğinde içinde kedi yavrusu çıktı mı Önder?

Önder: -'Karpuzdan kedi çıkar mı Feyzullah abi?' dedi.

Hiç düşündün mü Öndercim, yıllardır, kendini bildin bileli bahsettiğimiz misallerde hata yapmayan Allah, nesillerin çoğal-

---

[11] Sanıldığı gibi kardeşler evlenmemişler. Adem (as) ile Havva anamızdan nesillerin nasıl türediği ne Kur'an'da, ne de sahih hadis kitaplarında yazar. Cevabı şu: Allah bize bildirmedi. Madem bildirmedi, şartları zorlamanın hiçbir anlamı yok. Bize gerekli olmayan bir bilgi... Önemli olsaydı, Allah bildirirdi.

Allah Beni Başı Açık Olarak da Sever

masında hata yapar mı?

O an iman etmesini beklediğim Önder;
- 'Sana teşekkür ederim Feyzullah abi!' dedi.

İman edeceğini sanmıştım oysa ki. Beni şok eden cümlenin gelmesi fazla sürmedi.

Önder: -'Bu soruyu birkaç kişiye sordum, dövmedikleri kaldı. Beni anlayışla karşıladığın için sağol Feyzullah abi' dedi ve dükkanına gitti.

Anladım ki hidayet Allah'tan... Ama hoşnut ayrılmasına sevindim.

Feride Hanım'a; 'Nasıl buldunuz tavrımı?' diye sordum.
- 'Ben olsam kızardım!' dedi.

Sözü fazla uzatmadan;
- 'Eveet! Feride Hanım niçin kapanmak istemez?'

Yere bakarak tebessüm eden Feride Hanım:
- 'Allah ile aram çok iyi Feyzullah Bey. İş istedim, verdi. Bazı özel isteklerim vardı, dua ettim, duama icabet etti.

Ben de namazımı kaçırmamaya çalışıyorum. Her gece Kur'anımı okurum. Namusumu korumaya çalışıyorum. Yani anlayacağınız Allah ile aram gayet iyi ve beni başı açık olarak da sevdiğine inanıyorum.' dedi.

Allah'ın kendisini başı açık ve makyajlı olarak da sevdiğinden en ufak bir şüphesi bile olmadığına inanan Feride Hanım'a;
- 'Ya yanılıyorsam?' diye en ufak bir tereddütünüz oldu mu Feride Hanım, diye sordum.

Feride Hanım: -'Hayır, hiçbir tereddütüm olmadı. Olsaydı, kapanırdım zaten.

Feride Hanım, halinden oldukça memnun olduğunu söyleyince, Allah'ın şu sözü aklıma geldi:

BİR BAYAN NİÇİN ÖRTÜNMEK İSTEMEZ?

"Kim Rahmanı zikretmekten gafil olursa, yanından ayrılmayan bir şeytanı ona musallat ederiz. Şüphesiz bu şeytanlar onları doğru yoldan alıkoyarlar da onlar, kendilerinin doğru yolda olduklarını sanırlar." (Zuhruf, 36-37)

Feride Hanım'a ilk etapta;

- 'Madem Allah başı açıkların o halinden memnun, neden bayanların başlarını örtmesini istesin ki?' diyemezdim.

- 'Namaz kılarken başınızı örtüyor musunuz?'

Feride Hanım: -'Tabii ki...'

- Kur'an okurken?

Feride Hanım: -'Mutlaka örterim!'

-Bulaşık yıkarken?

Konuyu nereye getireceğimi merak eden Feride Hanım:

- 'Başımı açarım tabii'.

Şok bir soru sordum;

-'Başı açık bir şekilde namaz kılmayı denediğiniz oldu mu?'

Feride Hanım: -'Denemedim. Aklıma bile gelmezdi, başı açık bir şekilde namaz kılmak.'

- 'Başı açık bir şekilde namaz kılan ve Kur'an okuyanlara Allah kızar mı sizce?'

Feride Hanım: -'Bilemem!' dedi.

Şöyle bir benzetmeye ne dersiniz?

Siz, 1500 kişilik bir okulun müdürüsünüz. Ben de bulunduğunuz okula kayıtlı sıradan bir öğrenciyim. İlk yarı karnelerin dağıtılacağı bir günde okul önünde 1500 öğrenciye bir konuşma yaptıktan sonra bizlere ödev veriyorsunuz, diyorsunuz ki;

1- Herkes tatilini nasıl geçirdiğini A4 kağıda yazıp dosyalayacak.

2- Yine herkes en az bir kitap okuyacak ve özetini A4' kağıda yazıp dosyalayacak.

Allah Beni Başı Açık Olarak da Sever

3- Yine herkes 50 soruluk test sorularını cevaplayacak. (Yardımcı ders kitabı kullanmak serbest).

Ve sınıf öğretmeninizin de karnelerle birlikte 3 maddeden oluşan ve altında sizin adınız ve imzanızı taşıyan ödev kağıdını bizlere verdiğini varsayalım.

1500 öğrencinin elinde sizin 3 ödev sorunuz var. Ve süre de 15 gün. Bu onbeş günlük zaman zarfında vermiş olduğunuz 3 ödevden ikisini yapıp birini yapmayıp ve

- 'Neden 3. ödevi yapmadın ya da yapmak istemiyorsun?' sorusuna;

- 'Bayramlarda ve özel günlerde okul müdürümüz Feride Hanım'a tebrik mesajları atıyordum. Sokakta karşılaştığımızda hal hatırımızı soruyorduk. Okuldayken sınıflar arası yarışmada dereceye girdim, yani müdür hanımın beni sevdiğine inanıyorum ve ödevimi yapmasam bile bana kızacağını zannetmiyorum' desem... Akla ne gelir?

İsterseniz ben söyleyeyim:

- Feyzullah, okuldaki başarısına sığınarak tembel davrandı.

- Feyzullah, okul müdürünün ilgisini suiistimal ediyor. 'Peki sizce?' diye sordum Feride Hanım'a...

Feride Hanım: -'Ama...'

- 'Ama!.. Ne?' dedikten sonra;

diyelim ki, ödevleri teslim ettiğimizde ödevlerini yapmayanlara ya da eksik yapanlara kızdığınızı var sayalım. Ödevini eksik yapan Feyzullah'a kızmazsanız, bir müdür olarak ne derece adil davranmış olurdunuz?

Kendinden emınliğini bozmayan Feride Hanım:

- 'Allah-insan' ilişkisini 'müdür-öğrenci' ilişkisine benzetmek sizce ne derece doğru?' dedi.

Feride Hanım'a müdür-öğrenci misalini vermeden önce deseydim ki;

BİR BAYAN NİÇİN ÖRTÜNMEK İSTEMEZ?

- 'Feride Hanım! Belki de farkında değilsin ama, sen Allah'ın sana olan ilgisini* suiistimal ediyorsun ve kıldığın namaz ve okuduğun Kur'an'la da ibadetine sığınarak kendini kandırıyorsun. Namaz kılmak ayrı şey, Kur'an okumak ayrı şey, başı örtüp Allah'ın dediği şekilde giyinmek ayrı şey...

Hacca gidip de namaz kılmayan ya da oruç tutan ve cumaya gidip de toto-loto kumarı oynayan birçok insan var. Şimdi bunlar diyebilirler mi:

- 'Namaz kılmıyorum ama hacca gittim. Haliyle Allah beni sever. Kumar oynadığıma bakmayın, ben oruç da tutuyorum, cumaya da gidiyorum, haliyle Allah beni sever!'

Feride Hanım nereden bilecekti ki, şeytan bazen Feride Hanım'ın geçmişteki hayır işlerini ya da ibadetlerini ısıtıp ısıtıp sunarak;

- 'Sen Allah'ın en sevdiği kullardansın. Ona inanıyor, namaz kılıyor, Kur'an okuyor, fakirlere yardım ediyor ve üç ayları tutuyorsun. Hem de bu çağda!'

Allah'tan uzaklaşan o kadar insanın arasından çıkıp da namaz kılıyorsun. Herhalde Allah başını açana kızmaz!' der...

Tekrar Feride Hanım'a dönerek:

- 'Kur'an okuduğunuzu söylediniz. Her akşam okur musunuz?'

Feride Hanım: -'Her yatmazdan önce mutlaka okurum. Okumadığım günler içime müthiş bir sıkıntı doğuyor.

- 'Hatim yaptınız mı?'

Feride Hanım: -'Yaptım!'

- 'Kaç hatim?'

Feride Hanım: -'Boşver ya!... Sonra nefsim kabarır...'

- Okuduğunuz Kur'an'ın Türkçesini de okudunuz mu?

---

* Dualarının kabulünü geciktirmemesini...

Allah Beni Başı Açık Olarak da Sever

Feride Hanım: - 'Hayır, okumadım!'

Belki de birkaç kez okuduğunuz Kur'an'dan birkaç ayetin Türkçesini sana okuyayım:

Şeytanın Allah ile Olan Diyaloğu ve Allah'ın Şeytanın Duasını Kabul Etmesi

'İblis: Bana (insanların) tekrar diriltileceği güne kadar mühlet ver, dedi.'

'Allah: Haydi, sen mühlet verilenlerdensin, buyurdu' (Araf, 14-15).

Feride Hanım dikkat ederseniz, Şeytan bir talepte bulunuyor, Allah da şeytanın talebine icabet ediyor.

Senin mantığından hareket edersek, Allah şeytanı seviyor!..

Bakın, size şeytanın Allah inancını anlatayım:

Şeytanın Allah İnancı
1- Şeytan Allah'ın varlığına inanıyor

"Allah buyurdu: Ben sana emretmişken, seni secde etmekten alıkoyan nedir? (İblis): Ben ondan daha üstünüm. Çünkü beni ateşten **yarattın**. Onu çamurdan **yarattın** dedi." (Araf, 12).

2- Şeytan Ahiret Gününe inanıyor

"İblis: Bana (insanların) **tekrar diriltileceği** güne kadar mühlet ver, dedi." (Araf, 14).

3- Şeytan Allah'ın dualara icabet ettiğini de biliyor

"İblis: Bana (insanların) tekrar diriltileceği güne kadar **mühlet ver** dedi." (Araf, 14).

BİR BAYAN NİÇİN ÖRTÜNMEK İSTEMEZ?

4- Şeytan Allah'ın vaadlerinin hak olduğuna inanır

"(Hesap görülüp) iş bitirilince, şeytan diyecek ki; **'Şüphesiz Allah size gerçek olanı vaad etti.'** ben de size vaad ettim ama size yalancı çıktım. Zaten benim size karşı bir gücüm yoktu. Ben sadece sizi inkara çağırdım, siz de benim davetime hemen koştunuz. O halde beni yermeyin, kendinizi yerin. Ne ben sizi kurtarabilirim, ne de siz beni kurtarabilirsiniz!..." (İbrahim, 22).

5- Şeytan Allah'ın cezasının çetin olduğuna inanır

"Hani şeytan onlara yaptıklarını güzel gösterdi de: Bugün insanlardan size galip gelecek kimse yoktur, şüphesiz ben de sizin yardımcınızım, dedi. Fakat iki ordu birbirini görünce ardına döndü ve: Ben sizden uzağım, ben sizin göremediklerinizi (melekler) görüyorum, ben Allah'tan korkuyorum; **Allah'ın azabı şiddetlidir**, dedi." (Enfal, 48).

Ayetleri okurken, Feride Hanım kendisinin Allah inancıyla şeytanın Allah inancının kıyasını yapıyordu.

- Tabii ki, 'Senin Allah inancınla şeytanın Allah inancı ne de benzermiş!' demedim. Denmezdi de zaten.

Feride Hanım'a son söz olarak şunları söyledim:
- Allah, namaz kılan Feride Hanım'ı sever!
- Allah, Kur'an okuyan Feride Hanım'ı sever!
- Allah, oruç tutan Feride Hanım'ı sever!
- Allah, namusunu koruyan Feride Hanım'ı sever!
- Allah, çevresine zarar vermeyen Feride Hanım'ı sever!

Ama Allah, başını örtmeyen Feride Hanım'ı sever mi, sevmez mi ya da ne kadar sever, onu bilmiyorum. Ve size de başörtü meselesini tekrar masaya yatırmanızı tavsiye ediyorum! dedim ve karşılıklı teşekkürlerden sonra oracıktan ayrıldım.

Allah Beni Başı Açık Olarak da Sever

Takriben bir hafta sonra başörtüsünü anlatan birkaç kitap hediye ettim. Fakat Feride Hanım'dan hâlâ bir ses gelmedi. Kapanmayı tercih etseydi mutlaka mesaj atardı.*

---

* Feride Hanım, kandil ve bayram günleri mesaj atmayı eksik etmeyen bir okuyucu...

- 4 -
Kapalıyım Ama Ailem Okul İçin Başımı Açmamı İstiyor

Yıl x-11-2002... Arkadaşımın dükkanındayım. Cep telefonumun titreşimi* muhabbetimizi bölüyor. Gelen mesaj Adana'dan...

'Hocam, bir bayanın okul için başını açmasını nasıl değerlendiriyorsunuz? Adana'dan okuyucunuz Tuba.'

Bu ve benzeri sorulara çözüm üretilmesi için 'muhatabımızı ve ailesinin maddi durumu, kültürü, inanç durumu, hayata bakışı, çevre yapısı vs.'nin bilinmesi lazım.

Bu, şuna benzer;

Hasta doktoru telefonla arayarak;

- Doktor Bey sürekli öksürüyorum. Hangi ilacı tavsiye edersin?

Doktor öksürüğün sebebini bilmeden hangi ilacı versin ki? Sigaradan mı öksürüyor, üşüttüğünden mi öksürüyor, ya da başka bir sebepten mi?.. Her öksürene aynı ilaç verilmez tabii.

---

* Telefonuma sık sık mesaj geldiği için telefonumu titreşime alırım.

BİR BAYAN NİÇİN ÖRTÜNMEK İSTEMEZ?

Aile yapısı ve gerçekten okumayı isteyip istemediğini mesajla sordum. Beni çok üzen bir mesaj geldi:

- 'Annem kapalı, namaz kılıyor. Babam da namaz kılıyor. Maddi problemimiz yok. İkisi de iki sene önce hacca gittiler'.

- 'Peki size ne diyorlar?'

Tuba Hanım: -'Okul dışında, evde ve dışarı çıktığında kapanabilirsin. Senin başörtüne kızmıyoruz ki!.. Okul bitene kadar idare et. Sonra ölünceye kadar başörtünü çıkarma!'

- 'Onlar da vebali okulun, dediler mi?'

Tuba Hanım: -'Maalesef evet!' dedi.

- 'Peki ne yapmayı düşünüyorsunuz?'

Tuba Hanım: -'Lise ikide kapandım ve bir daha da açmayı düşünmüyorum. Ama ailemi nasıl ikna edeceğimi bilmiyorum?'

Bacımızın direncini ölçmek için:

- 'Ailenizi ikna edemediğinizi varsayalım! Ne yapardınız?'

Tuba Hanım: -'Düşünmek bile istemiyorum!'

Aman Allah'ım! Allah'ın rızasını kazanıp Cennet'e gitmek isteyen bir lise iki talebesiyle, Allah için namaz kılıp Kabe'yi tavaf eden ve Allah'ın evini ziyaret eden bir anne-babanın başörtüsü kavgası...

Kızları Allah'ın rızasından yana, kendileri şeytanın rızasından yana... Allah'ın emrine rağmen;

'Kızım yeri geldiğinde başını açacaksın!'

'Yeri geldiğinde'yi kim belirleyecek?

Kime göre 'yeri geldiğinde?'

Bu yer, Kur'an'ın neresinde geçiyor? Peygamber Efendimiz döneminde benzeri 'yer' ya da 'yerler' var mıydı?

Gerçi Kur'an'da geçiyor. Bir anlık unutmuş, Kur'an'da geçmediğini zannetmiştim.

Kapalıyım Ama Ailem Okul İçin Başımı Açmamı İstiyor

Bir bayanın yeri geldiğinde başını açacağı yerler

"Mü'min kadınlara da söyle, gözlerini (harama bakmaktan) korusunlar. Namus ve iffetlerini esirgesinler. Görünen kısımları müstesna olmak üzere, ziynetlerini teşhir etmesinler. Başörtülerini yakalarının üzerine (kadar) örtünsünler.

1- Kocaları

2- Kocalarının babaları

3- Kendi oğulları

4- Kocalarının oğulları

5- Erkek kardeşleri

6- Erkek kardeşlerinin oğulları, kız kardeşlerinin oğulları

7- Kendi kadınları (mü'min kadınlar)

8- Ellerinin altında bulunanlar

9- Erkeklerden ailenin kadınına şehvet duymayan hizmetçi vb. tâbi kimseler

10- Henüz kadınların gizli kadınlık hususiyetlerinin farkında olmayan çocuklardan başkasına ziynetlerini göstermesinler." (Nur, 31)

Diploma ve meslek uğruna kızının başının açılmasını isteyen bir baba bu ayete eklemelerde bulunarak:

11- Sınıf öğretmeninin yanında başını açabilir.

12- Sınıf arkadaşlarının yanında başını açabilir.

13- Diğer sınıf arkadaşlarının yanında başını açabilir.

14- Hademenin yanında başını açabilir.

15- Okul kapısındaki simitçilerin yanında başını açabilir.

16- Okul müdürünün yanında başını açabilir.

17- Okula gelen ziyaretçilerin yanında başını açabilir. diyor!

Ah anneler! Ah babalar! Siz zannediyor musunuz ki her er-

BİR BAYAN NİÇİN ÖRTÜNMEK İSTEMEZ?

kek öğrenci[1] kızınız kadar masum?

Tüm bunlara rağmen diploma alan kızınızın evde oturmasını beklemezsiniz herhalde! Yani mutlaka çalışmalı, o kadar emek sarfettiniz! Diplomayı boşuna mı aldı?

Ve kapı kapı dolaşıp kızınıza iş arayacaksınız! İş bulduğunuz an eksik bıraktığınız maddelere yenilerini ekleyeceksiniz:

18- Kızım, patronunun yanında başını açabilir.

19- İş arkadaşının (erkek) yanında başını açabilir.

20- Çaycının yanında başını açabilir.

21- Müdür ve (varsa yardımcılarının) yanında başını açabilir.

22- Gelen müşterilerin yanında başını açabilir.

23- Evrak imzalatmak isteyen vatandaşın yanında başını açabilir.

24- Postacının, kargocunun yanında başını açabilir.

Kızınız okuyacak, diploma alacak, iş bulacak ve sizler yaşlanınca kızınızın eline bakacaksınız, öyle mi?

Bugüne kadar hangi anne-babanın, kızlarını, onun alacağı maaşa güvenerek okuttuğunu işittiniz?

Kızınızın okumasına karşı değilim! Kızınızın okumasına karşı değilim! Kızınızın okumasına karşı değilim!

Şartlar müsait olunca okutmazsanız problem!

İçimden geçenleri Tuba Hanımın babasına anlatmak isterdim; ama ne mümkün?

Ah! Tuba Hanım'ın ve benzeri durumda olan bacıların babaları! Siz sadece madalyonun bir yüzünü görüyorsunuz. En cazibeli[2] yönünü görüyorsunuz! İsterseniz biraz da madalyonun

---

[1] Her erkek öğrenciyi kızların peşinden koşup onlara sarkıntılık edenler olarak görmüyorum. Yanlış anlaşılmasın. Ama güzel bir bayanın, kimsenin namusunda gözüm yok diyen bir erkeğin dikkatini çekmemesine garanti veremem :))

[2] Diplomalı, kültürlü, üniversiteli ve hazır bir iş...

Kapalıyım Ama Ailem Okul İçin Başımı Açmamı İstiyor

diğer yüzüne bakalım:

Kızını ahlaken ve dinen çok iyi yetiştirmiş bir baba, kızının okumasından yana... Başörtülüyken kendisine taciz edilmemiş, arkadaşlık teklifinde bulunulmamış ve erkekler tarafından bir şekilde rahatsız edilmemiş ve saç telini dahi yukarıda sıraladığımız ilk on maddedekiler[1] dışında kimsenin görmesine razı olmayan bir baba; lise çağındaki, kanı hareketli, cinsel içgüdüleri zirveye çıkmış erkeklere ve sokak serserilerine seslenerek;

Kızımın başını açıyorum. Artık gözlerinizle güzelliğine bakabilirsiniz[2]...

Sadece sabahları bir saat ve akşamları 2-3 saat, toplam 4-5 saat gördüğüm kızım tüm gün size emanet!

Amcamız tüm bunlara rağmen kızından emin. Çünkü hiçbir yanlışını duymadı. Ve kızını bir şekilde okula kaydediyor. Bugüne kadar erkeklerle konuşmaktan haya eden kızımız, iffetini korumakta kararlı. Gel zaman, git zaman kızımızın güzelliği kendi sınıfındaki bir öğrencinin dikkatinden kaçmıyor.

Ve amcamızın kızına, bir erkekten arkadaşlık teklifi geliyor. Okul dışında elele tutuşup sinemaya gidecekler, gezecekler ve kızını eve kadar bırakacak. Böyle bir teklif!

İffetini koruyan bacımız, teklifi sert bir şekilde reddediyor. Başka bir teklif karşı sınıfın yakışıklı talebesinden... Bacımızın kalbi kıpır kıpır ama dini bilgileri ve aileden gelen ahlakı engel oluyor. Ve onu da reddediyor. Ama zorlanıyor.

Bu arada erkek öğrencilerin bir kısmı amcamızın kızına bakarak göz zevklerini gideriyor. Amcamız orada olsa, hakkından gelecek o gençlerin; ama ne yapsın? Kendi elleriyle aralarına bıraktı bir defa!

---

[1] 53. sayfada geçen Nur, 31. ayeti
[2] Vallahi utanarak yazıyorum!

BİR BAYAN NİÇİN ÖRTÜNMEK İSTEMEZ?

Zavallı bacımızın bastırılmış duyguları da zorlamaya başlıyor ve uzun bir zaman hakim olduğu duygularına yenik düşüyor. Ya gelen teklifleri değerlendirmeyi düşünüyor ya da fiziğini beğendiği bir erkeğe bir şekilde aşık olduğunu bildirmeyi...

Amcamızın iffetli kızı uzun zaman sonra babasına ve ailesine çaktırmadan ilk tavizini veriyor. 10 maddedekiler dışında bir erkeğe ilk mektubunu gönderiyor. Yani aşkını mektupla dile getiriyor*. Artık, iffetine güvenen amcamızın kızı bir delikanlıya aşık. Amcamızın göz nuruyla büyüttüğü biricik kızı, kimbilir sınıfta kaç öğrencinin hayallerini süslüyor!.. Barutu istediğin kadar ıslatarak ateşin ortasına at! Ateşte kaldıkça kuruyacak, kurudukça da yanacak!

Yusuf (as)'a bir bayandan teklif geliyorsa, senin de kızına bir erkekten teklif gelir amca! Sakın ola, kızım gençtir... Sever de... Sonra unutur gider deme! Film burada kopar amca! Bu senin intiharın olur!..

Biraz daha iyimser olup, amcamızı üzmeyelim! Diyelim ki, amcamızın kızı gelen tüm teklifleri reddetti. Bastırılmış duygularının günyüzüne çıkmasına izin vermedi.

Başka erkeklerin göz zevki de kendi elinde değil ve sorumlu da değil diyelim (ki, sorumlu)...

Amcamızın kızı lise diplomasını aldı ve üniversiteye hazırlanıyor. Artık genç bir kız oldu.

Bu arada çevreden istemeye gelenler olduğunda;

- 'Kızımızın okumasını istiyoruz' deyip, gelen tüm teklifleri reddedecekler. Amcamız maddi şartları zorlayıp dersane+özel hoca masrafları derken kızı üniversiteyi kazanıyor.

Düne kadar yalnız başına evinden ayrılıp tanımadığı biri ile

---

* Her bayan, gelen teklifleri kabul eder demiyorum. Ama inanın çevremde de işittim ve gözlerimle de gördüm, maalesef %90 dediğim gibi duygularına hakim olamıyorlar.

Kapalıyım Ama Ailem Okul İçin Başımı Açmamı İstiyor

gitmeyen amcamızın kızı 2-4 yıllığına evinden uzaktaki kurtlar sofrasına konuk olacak. Bu kez üniversiteli gençler göz zevkini tadacaklar.

Kızımız da artık ne babam görür, ne abim görür, ne de tanışlarım diyecek... Lisedeyken 'Babam görmezse Allah görür' diye düşünen amcamızın kızı, tavizler zincirine bir halka daha eklemiş olacak!

Filmimizi şimdilik durduralım ve bazı gerçeklere değinelim.

1- Bugün, birçok üniversitelerin tuvaletlerinde, düşük yapılmış ceninlere ve prezervatiflere rastlanılıyor.

2- Fuhşun ilkokullara kadar geldiğini tv ve gazeteler yazıyor.

3- Üniversitede okuyabilmek için maddi problemler yaşayan bayanların bir kısmı para karşılığı erkeklerle yatıp kalkıyorlar.

4- Yine işitmişsinizdir, üniversiteli genç erkekler apartman dairesi kiralıyorlar ve geceleyin bayan arkadaşlarıyla sabahlıyorlar. Herhalde o saatte kitap okumazlar bunlar!

Kaldığımız yerden devam ediyoruz;

Sınıfını başarıyla bitiren amcamızın kızı, başını aç-kapa, aç-kapa derken okul –ev ya da okul-yurt arası da açmaya başlar. Bu kez amcamızın kızı şöyle düşünür:

'Okul içinde gencecik erkekler arasında başımı açıyorum. Okul dışında neden kapanıyorum ki? Ben kimi kandırıyorum?

Bacımız biraz daha derinleşse, biraz daha şartları zorlasa çözecek ama, o da nefsine yenik düşerek;

-'Hele şu okul bir bitsin' diyor. Ve ortaokuldayken iffetini muhafaza eden ve başını ilk 10'dakiler dışında göstermeyen ve babasından , çevresinden;

- 'Okul içi açsan da bir şey olmaz. İlim farzdır. Başörtüsü teferruat. Fetvayı alan bacımız baba evine 3-5 kilometreye kadar

BİR BAYAN NİÇİN ÖRTÜNMEK İSTEMEZ?

açık gelir ve çantasından az kullanılmış başörtüsünü takarak baba evine gelir.

Kızlarının sınıfı başarıyla geçmesi babayı mutlu etmiştir kuşkusuz... Bu arada istemeye gelenleri, okulu bahane ederek yine reddetmişlerdir.

2. sınıf, 3. sınıf derken son sınıfa kadar gelir kızımız. Kızımızın yaşı olmuştur yirmi iki...

Onca yıl başını açıp kapayan bacımız oldukça modern* kapanmıştır!

Kızını istemeye gelenler artık gelmez olmuşlardır. Ya başka kız bulmuşlar, ya da lise mezunu birini üniversiteli bir kız kabul etmeyebilir. Olur ki bizim oğlan kompleks yapar korkusuyla amcamızın kızını istemeye pek de yanaşmazlar.

Kızıyla aynı okulda okuyan ve aynı okul mezunu bir erkek, amcamızın evine anne-babasını göndermek ister. Amcamıza soruyoruz:

- 'Siz bu aileyi tanımıyorsunuz. Haliyle de sizin bekar bir kızınızın olduğunu da bilmemeleri gerekirdi. Sizce nasıl oldu bu iş?'

Bacımız da ortaokul çağındayken tesettürlü resmiyle şimdiki resmi yanyana getirsin bakalım, hangisi takvalı?

Belki de bana kızıyorsun amcacığım! Ama herhangi bir lisenin ya da üniversitenin bahçesine bir gün git ve gör bakalım gençler ne alemde!..

1986 yılında İzmir'de 50. Yıl Lisesi'nde okurken, din dersinde bir arkadaşımız, hocaya;

- 'Hocam geneleve gitmek gerçekten de haram mı?' diye soruyor ve arkadaşımız sorusunda gayet ciddi. Ve kimse tarafından eleştirilmiyor.

---

* Allah'ın istediği örtünme dışındaki örtünmenin her türlüsü...

Kapalıyım Ama Ailem Okul İçin Başımı Açmamı İstiyor

Madalyonun bu tarafı amcamızı üzmüştür kuşkusuz. Ama yemin ediyorum, anlattıklarım hayal ürünü değil. Üniversitelilere vermiş olduğum konferanstan sonraki muhabbetlerimde gençliği sorduğumda küçük dilimi yutacak içler acısı açıklamalarda bulundular. Yazmaya utanıyorum ama, maalesef okul dışında kapanan bacılarımızın büyük bir çoğunluğunun erkek arkadaşı var.

Bu anlattıklarımız, kızımın ilim tahsil etmesi için başını açmasında beis yok diyen amcamızın dünyadayken muhtemelen görecekleriydi... Bir de filmin öteki alemde devamı var.

İçimden geçenleri Tuba Hanım'ın babasına anlatmak isterdim, ama inşaallah bu kitap, kızının başını açmasını isteyen babalar, anneler ve abiler tarafından okunur da amcamız yerine kendilerini koyarlar, biraz canları sıkılır!

İçimden geçenleri bayağı uzattım. Tekrar Tuba Hanım'la olan diyaloğumun kalan yerinden devam edelim:

Başını açmamakta kararlı olan Tuba Hanım'ın problemi anne ve babası.

Bu kez Tuba Hanım'a çok radikal bir mesaj attım:

-'Ya Allah'ın rızası = Cennet... Ya da başkalarının rızası = Cehennem... Karar sizin!'

Aynı gün içinde Tuba Hanım'dan gelen cep mesajı: 'Hocam okulu bırakacağım! N'olur aileme direnebilmem için dua edin!'

Tuba Hanım'a fazla bir açıklama ya da ekstradan bir nasihatte bulunmamıştım. Kararında etkim yoktu gibi bir şey. Kanımca Tuba Hanım zaten kararlıydı; ama fetvaya benzer bir destek arıyordu.

Tuba Hanım'a deseydim ki:

-'Onlar senin anne ve baban. İkisinin de senin üzerinde hakları var. Hem Allah, Kur'an'da demiyor mu: *'Rabbin, sade-*

BİR BAYAN NİÇİN ÖRTÜNMEK İSTEMEZ?

ce kendisine kulluk etmenizi, anne-babanıza da iyi davranmanızı kesin bir şekilde emretti. Onlardan biri veya her ikisi senin yanında yaşlanırsa, kendilerine 'öff' bile deme. Onları azarlama, ikisine de güzel söz söyle!' (İsra, 23).

Okulu bırakacağım desen, onları ne kadar da üzmüş olacağını düşünüyor musun?

Bana ne derdi?

-'Haklısın hocam, hiç düşünememiştim' mi diyecekti. İnanıyorum ki telefonu açıp ağzını açar, gözünü yumardı, Ya da, Allah'ın şu ayetini mesajlar ve kitaplarımı yakardı.

'Allah, kendilerine kitap verilenlerden, 'Onu mutlaka insanlara açıklayacaksınız, onu gizlemeyeceksiniz' diyerek söz almıştı. Onlar ise bunu kulak ardı ettiler, onu az bir dünyalığa değiştiler. Yaptıkları alış-veriş ne kadar kötü!' (Ali İmran, 187).

Aradan 3-4 gün geçti. Ben ve kitaplarımın dağıtımını üstlenen Beka Dağıtım'ın sahibi Şamil ve pazarlamacısı İlker kardeşle beraber taksiyle önce İzmir'e yazar Mehmet Alagaş'ı ziyarete gittik. Daha sonra Denizli'de bir iki kitapçıdan siparişler aldıktan sonra Konya'ya gitmek için yola koyulduk. Konya il sınırına girdikten birkaç dakika sonra gizli buzdan kamyonun altına girmemek için arkadaşımız direksiyonu kırınca yan yatarak 20-30 metre sürüklenip sağ tarafa devrildik. Allah'tan yolun hemen sağında büyük çalılıklar vardı.

Tam arabadan çıkıyoruz[*] Tuba Hanım'dan mesaj geldi.

- 'Hocam, ailemden yoğun bir baskı var!'

- 'Ne diyorlar?' dedim.

Tuba Hanım: -'Bunca yıl boşuna mı okuttuk! Günahsa gü-

---

[*] Çekiciyi çağırdık. Arabaya pek bir şey olmamıştı. Tekrar yolumuza devam ettik.

Kapalıyım Ama Ailem Okul İçin Başımı Açmamı İstiyor

nahı bana! diyorlar' mesajı geldi.

Tuba Hanım'a sabır tavsiye ettim ve Allah'ın sabredenlerle beraber olduğunu bildiren mesajlar gönderdim.

Konya'da oteldeyiz. Tuba Hanım'dan bir mesaj daha:

-'Hocam akrabalarım da baskı yapmaya başladılar.'

Zaten Adana ve Antep'e uğrayacaktık. Tuba Hanım'a varsa erkek kardeşin, Adana'da müsait bir ortamda bu konuyu görüşelim mesajını gönderdim ve belirli bir saatte Yimpaş'ın kafeteryasında randevulaştık.

İki gün sonra Yimpaş'tayız. Ve Tuba Hanım son 3-4 gününü anlatıyor:

-'Annemle babam beni karşılarına alarak:

-'Kızım! Biz seni seviyoruz. Ve sana da çalış, eve katkıda bulun, demiyoruz. Çok şükür durumumuz iyi. Senin sadece okumanı istiyoruz. Ve tüm desteği de vermeye hazırız' dediler.

-'Siz ne dediniz?'

Tuba Hanım: -' Onların ses tonuna benzer bir ses tonuyla:

- 'Ben de sizleri seviyorum. Ve inanıyorum ki, benim iyiliğimi düşünüyorsunuz. Bunda en ufak bir şüphem yok. Sizleri seviyorum. Sizler anne ve babamsınız; ama Allah'ı daha çok seviyorum. Ben Allah'ın rızasını almaktan yanayım' dedim.

-'Ne dediler?'

Gözleri dolan Tuba Hanım: -'Kendini müslüman, bizleri kafir yapıyorsun, öyle mi? Kızım biz de Allah'ı seviyoruz, sana Allah'ı sevme demiyoruz ki! Sadece okumanı istiyoruz. Cahil cahil evde oturmandan yana değiliz' dediler.

-'Cevabınız ne oldu?'

Derin nefes alan Tuba Hanım: -'Sizi üzmek istemezdim ama, başımı açmamakta kararlıyım. Allah'ın bana takdirine razıyım.' dedim ve film koptu. Bir ton fırça işittim.

BİR BAYAN NİÇİN ÖRTÜNMEK İSTEMEZ?

-'Bacak kadar kız, babasına neler söylüyor? Defol karşımdan, gözüm görmesin seni' dedi. Ağlayarak odama geçtim. Ne annem yüzüme bakıyor, ne de babam... Büyük abim bile beni görünce surat asıyor.

Yapacağım ilk iş, Tuba Hanım'a moral verip seçtiği yolun dikenlerini tanıtıp ayağını kanatacak her dikenin Allah katında bir referans olacağını anlatmak olacaktı. Tuba Hanım'a:

-'Musab b. Umeyr'in hayat hikayesini biliyorsunuz değil mi?' dedim.

Tuba Hanım: -'Evet, biliyorum' dedi.

- 'O da sizin gibi doğru safı seçerek, ailesini karşısına aldı ve Mus'ab b. Umeyr oldu'. Hayat hikayeniz ne de benzer? dedim.

-'Sanki Allah sizinle beraber olmak istiyormuş gibime geliyor Tuba Hanım. Hani Allah diyor ya: 'Sabredenlerle beraberim. Sabredenlere müjdele...'

Allah bir kula sevap vermek istediği zaman, ya da beraber olma müjdesini vermek istediği zaman sıkıntıya sokar. O kulunun önünde 2 seçenekli soru olur. Ya taviz vermeden musibetlere sabreder, ya da taviz verir, dünyevi baskıdan kurtulur.

Ne mutlu size ki, Rabbim kalbinize iman aşılatmış ve genç yaşınıza rağmen direnebiliyorsunuz. Biraz rahatlayan Tuba Hanım:

-'Elhamdulillah' dedi. Bu kez soruyu Tuba Hanım sordu:

-'Ailemi nasıl ikna edeceğim?' Sadece dayımın kızı ve hanımı destek çıkıyor, o kadar!

-'Nasıl destek çıktılar?'

Tuba Hanım: -'Evde, bunaldığımda kendilerine gidiyordum. Hep, üzme tatlı canını... Kararlı olduğunu ispat edersen, geri adım atarlar' diyorlardı. Dayımlarda kaldığım günler rahatlıyordum. En azından çenelerinden kurtuluyordum.

Kapalıyım Ama Ailem Okul İçin Başımı Açmamı İstiyor

- 'Yengeniz önemli bir reçete sunmuş. Bence gözardı etmeyin...'

Tuba Hanım: -'İşte sorun burada... Kararlı olduğumu nasıl ispat edeceğimi bilmiyorum. Dayımın kızıyla benim durumum biraz farklı. Ailenin tek kızı olmam ve sınıfımı başarıyla geçmiş olmam üzerine, geleceğimle ilgili hesaplar yapmaya başladılar.

Anne ve babasının kültür yapısını öğrenmem gerekiyordu.

- 'Anneniz ve babanız kitap okurlar mı?' diye sordum.

Tuba Hanım: -'Okusalardı beni daha iyi anlarlardı. Şartlanmışlar bir defa... İlla da çocukları üniversite okuyacak...

-'Peki, anne ve babanızla (okul mevzuu hariç) aranız nasıl?

Tuba Hanım: 'Evin tek kızı olduğum için babamla gayet iyiyiz. Annem biraz titiz olduğundan üzerime çok düşüyor.

-'Peki... Okul mevzuundan dolayı tartıştıktan sonra ne tür bir yaptırımda bulunuyorlar?'

Tuba Hanım: ·'Kitap okumama kızıyorlar. Bu kitaplar mı senin beynini yıkadı yoksa?' diyorlar. Gece lambası ışığında okumaya çalışıyorum, sanki gözetim altındaymışım gibi gelip elimden alıyor.

- 'Anneniz mi?'

Tuba Hanım: -'Evet! Gece namaz kılıyorum, namazıma karışıyor. 'Sofu mu olmak istiyorsun kızım?' Seni kim alır, diyor.

- 'Anneniz Kur'an okur mu?'

Tuba Hanım: -'Okur, ama sadece Arapçasını...'

- 'Bir de Türkçesine baksalar, iş bitecek! Ama maalesef ne Türkçesini okurlar, ne de merak ederler... Demezler ki, acaba Allah'ın, bana olan hangi tavsiyesini okudum?'

Yarın ahirette kendilerine:

-'Neden, kızınızın günah işlemesine sebep oldunuz? Kur'an da mı okumadınız? Benzeri soruların sorulacağı akıllarına bile

BİR BAYAN NİÇİN ÖRTÜNMEK İSTEMEZ?

gelmez...

Bana öyle geliyor ki, şeytan, onlara şöyle bir tablo çizmiş:

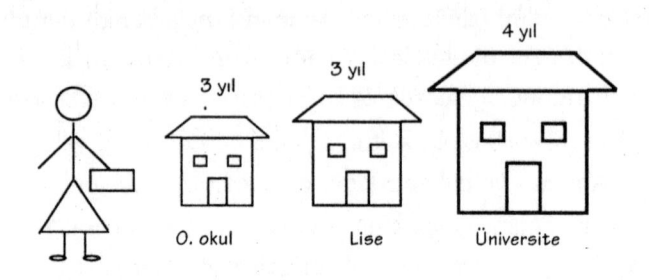

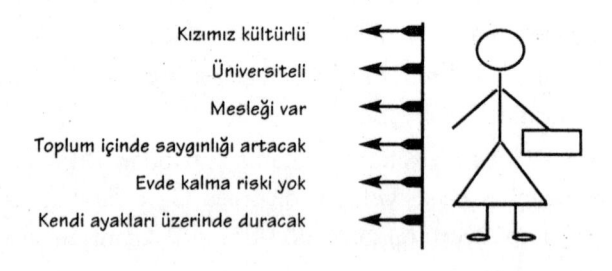

[Şekil: Bir bayan figürü ve sırasıyla 3 yıl O. okul, 3 yıl Lise, 4 yıl Üniversite evleri]

[Şekil: Bir bayan figürüne yönelen oklar:
Kızımız kültürlü
Üniversiteli
Mesleği var
Toplum içinde saygınlığı artacak
Evde kalma riski yok
Kendi ayakları üzerinde duracak]

Ama maalesef okul içinde geçen (3+3+4=10) yıl boyunca kızlarının ne tür günahlara itildiğine tabloda yer vermez... Sanki tüm hocalar ve talebeler bayan, okul civarında serseriler yok ve hepsinin kalbi çok temiz!

Hele de bir bayan öğrencinin fizik olarak dikkat çeken bir güzelliği varsa, istediği kadar iffetini korumaya çalışsın, hiç şansı yok!

Babanız;

- 'Kızım, bunca emek verdik. Derslerinde başarılısın. Sık dişini dört sene, al diplomanı, yine evinde otur' dedi mi?

Tuba Hanım: -'Sanki bizdeydiniz ve tüm konuşmalara ku-

Kapalıyım Ama Ailem Okul İçin Başımı Açmamı İstiyor

lak verdiniz. Evet, aynı şeyleri tekrarlayıp tekrarlayıp duruyorlar. Ne kadar da;

-'Babacığım, başımı açtığım anda ikimiz de günah işleriz. Ne ben sizin yerinize yanmak isterim, ne de siz benim yerime yanmak istersiniz' desem bile filmin hep dünyalık kısmını izleyip:

-'Günahın bana kızım! Yarın ben ahirette : 'Allah'ım! Kızımın açılmasını ben istedim, vereceksen cezayı bana ver' derim, diyorlar.

-'Babanıza cehennem ayetlerini okudunuz mu?'

Tuba Hanım: -'Hayır, okumadım!'

- 'O zaman ilk derse başlıyoruz.'

Öncelikle babanızın sağlıksız düşünmesine yol açan virüsleri tespit edelim. Anladığım kadarıyla babanız:

1- Allah'ın senin üzerindeki haklarıyla, kendilerinin senin üzerindeki haklarını karıştırıyorlar.

2- Dünyanın bir tiyatro sahnesi olduğunu ve sizin de onların rol arkadaşı olduğunuzu unutuyorlar.

3- Kendilerinin evlatla imtihana tâbi tutulduğunun farkında bile değiller.

4- Kendilerini çok çok merhametli olarak görüyorlar.

5- Bir bayanın başı açık bir şekilde okurken ne tür günahlarla karşı karşıya geldiğini belki de akıllarına bile getirmek istemiyorlar.

6- Evlenmek isteyen bir erkek, evlenmek istediği bir bayandan istediği vasıfları bir anlık da olsa düşünmüyor.

7- İlim farzdır ama şartlarının oluşması da farzdır. Bu ilkeyi bilmiyorlar.

Şimdilik tespitlerim bunlar. Babanıza gerekli açıklamaları zamana yayarak, azar azar anlatırsanız ikna olabilir diye düşünüyorum. Bu arada yengenizin 'kararlı olduğunu ispat edersen ikna olurlar' sözünü de ihmal etmemeniz gerekiyor. Tüm bun-

BİR BAYAN NİÇİN ÖRTÜNMEK İSTEMEZ?

lara rağmen anne ve babanızın yanında;

-'Yaa, okula gitsem mi acaba?' diye sesli düşünürseniz film kopar!

Unutmadan hatırlatayım: Babanıza, 'Okula gitmek istemiyorum! Okumak istemiyorum! Evde oturmaya razıyım!' derseniz, sanki farz olan ilme karşıymışsınız ya da okumaya karşıymışsınız gibi algılatabilirsiniz'.

Özellikle vurgulayın:

- 'Babacığım, okumak isterim tabii; ama başım örtülü olmak şartıyla...'

- 'Babacığım, okula karşı değilim! İmkanların hazır olmasını bekleyeceğim, o kadar!...'

Tuba Hanım: -'Dikkat etmeye çalışırım!' Peki, kağıda yazdığınız* o maddeleri nasıl öğrenip uygulamaya geçeceğim?'

- 'Dönem dönem mailleşiriz. Mail attıktan sonra size cepten mesaj atarım. Okuyup uygulamaya çalışırsınız, aranızda geçen diyaloğu da bildirirsiniz. Sonra da başka maddeye geçersiniz. Anlaştık mı?'

Tuba Hanım: -'Tamam. Lütfen bolca dua ediniz. Hakkınızı helal edin. Sizi de yorduk.'

- 'Önemli değil. Zaten Adana'ya uğrayacaktım. Zahmet falan vermediniz. İçiniz rahat olsun.' deyip ayrıldık.

Bir hafta sonra İstanbul'dayım. Hemen hemen her gün 'Durumlar nasıl?' mesajını atıyordum. Bir yandan Tuba Hanım manen desteklenmeli, diğer yandan ailesiyle kavga çıkarmadan ailesi ikna edilmeliydi.

Tuba Hanım'dan hemen hemen her gün:

- 'Gece namazıma ve kitap okumama karşılar. Annem ba-

---

* Yedi maddeyi bir müsvette kağıda kısa cümlelerle yazmıştım.

Kapalıyım Ama Ailem Okul İçin Başımı Açmamı İstiyor

na üvey evlat muamelesi yapıyor. Artık bulaşık için yardım etmemi bile istemiyor. En yakın arkadaşıma bile gitmem yasaklandı...'

Tuba Hanım'ın morale ihtiyacı vardı. O'na şu maili attım: 'Bismillahirrahmanirrahim...Sabret. Senin sabrın ancak Allah'ın yardımıyladır.Anne ve babanlar nasıl ki sizinle imtihan ediliyorlarsa, siz de anne-babanızla imtihan ediliyorsunuz. Önünüzde iki seçenek var: a- Aile baskısına (onlara hakaret etmeden, haklarını gözeterek) sabır.b- Ailenize isyan.Kesinlikle 'a' seçeneği!..Mağaraya sığınan üç gencin hikayesini bildiğini zannediyorum. Onlar ki mağaradan kurtulabilmek için yapmış oldukları salih ameller içinde nefse en ağır gelen amellerini Allah'a anlatmışlar, yani demişlerdir ki:- 'Yapmış olduğum şu amel, sadece senin rızanı kazanmak içindi...

'Bence siz de benzer bir şekilde şöyle diyebilirsiniz:- 'Allah'ım! Gençliğimin baharındayken, nefsi isteklerimi istediğim an yerine getirirken, bana hidayet ettiniz ve kapandım. Üniversiteyi de okuyabilirdim. Hem de yine nefsi isteklerin yerine getirilmesinde pek de sakınca görülmeyen bir ortamda okuyup bir çok öğrencilerin hayalindeki okul diplomasını alabilirdim. Zekam buna müsait.Tüm bunlara rağmen sadece senin rızanı kazanmak için okulu feda ettim. Aile içi her şey normalken senin rızanı ailemin rızasına tercih ettim. Onca baskılarına rağmen ben senin rızanı tercih ettim'.Allah da şöyle der:-'Ben sabredenlerle beraberim...'Siz şöyle anlayın:-'Ben sabreden (Tuba)lerle beraberim.'Ne mutlu size ki, Allah sizinle beraber.

Unutma ki, Allahu Teala sevdiği insanların sevap kazanması ve günahlardan temizlenmesi için bir takım musibetlerle sınar. Hem sabır nimetini tattırır, sevap verir, hem de musibetlerle günahlarına kefaret kılar. Bir taşla iki kuş...

Aradan birkaç gün geçtikten sonra Tuba Hanım'a, ailesine

BİR BAYAN NİÇİN ÖRTÜNMEK İSTEMEZ?

nasıl davranması gerektiğini ve nasıl bir davette bulunması gerektiğini anlattım:"Bismillahirrahmanirrahim*(Resulüm!) Sen, Rabbinin yoluna hikmet ve güzel öğütle çağır ve onlarla en güzel şekilde mücadele et! Rabbin, kendi yolundan sapanları en iyi bilendir ve O hidayete erenleri de çok iyi bilir!'* (Nahl, 125).Allahu Teala'nın sana söyledikleriyle mailime başlıyorum. İnşaallah her şey yolundadır ve siz sabır nimetinden faydalanıyorsunuzdur umarım. Duamın sizlerden ve ailenizin ıslah olmasından yana olduğunu hatırlatayım.Anne ve babanıza unuttuklarını ya da bilmeleri gerekirken bir şekilde öğrenmedikleri bilgileri anlatırken, size olan muhtemel tepkilerini anlayışla karşılamanızı tavsiye ederim.

Yine unutma ki, çoğu anne-babalar evlatlarından pek de nasihat dinlemek istemezler. Haliyle onlara yaklaşımınız biraz farklı olmalı..."Sonraki günlerde babasına neleri anlatması gerektiğini mail yoluyla bildirdim. Allah'a hamdolsun, güzel mesajlar geldi. Ailesi artık kabullenmişler ve aradaki buzlar da erimiş...

- 5 -
Fazla Açık Olmadığım İçin
Günah Olduğunu Zannetmiyorum

※※※

Yalova-Yenikapı arası deniz otobüsündeyim.Oturduğum koltuk kantinle karşı karşıya ve aramızda sadece bir metre fark var. Koltuğa oturup yazdığım notları gözden geçiriyordum. Soluma fazla açık olmayan bir bayan oturdu. Yazdığım notları okurken bir ara göz ucuyla notlarıma baktı. Sayfanın en üstünde kırmızı tükenmezle yazdığım, 'Bir bayan niçin örtünmek istemez?' başlıklı yazı dikkatini çekmiş olacak ki, gözlerini hiç ayırmadı.Bu kitabım için iyi bir malzeme olabilir bâbından, yanımdaki bayana kendimi kısaca tanıtarak yazdığım kitaplardan bahsettim.

Birçok başı açık okuyucularımla anketler yaptığımı söyleyerek;- 'Eğer rahatsız olmazsanız, aynı soruyu size de sorabilir miyim? İsterseniz adınızı da alırım, yok istemezseniz isminizi vermem' dedim.- 'İsmimi vermemde bir sakınca yok ve memnun da olurum. Sorunuzu alabilir miyim?' dedi.- 'Kitabımızın başlığını soruyoruz. Bir bayan niçin örtünmek istemez? Evet;- 'Ayşe Kaya Hanım niçin örtünmek istemez?'

Ayşe Hanım: -'Açık giyinen bir insan değilim. Başörtüye

BİR BAYAN NİÇİN ÖRTÜNMEK İSTEMEZ?

karşı da değilim. Annem kapalıdır. Ama şu giyinişimin günah olduğunu zannetmiyorum' dedi.

Ayşe Hanım'ın belirlediği günah sınırını öğrenmek için büfe önündeki poşetlik dergileri göstererek;- 'Sizce şu fotoğraftakiler günah işliyorlar mı?' diye sordum. Tereddütsüz;- 'Tabii ki!' dedi.

Kitabımızın başlarında görüşmelerimizi kaydettiğimiz Feride Hanım'la Ayşe Hanım'ın örtünmeme mazeretleri ne kadar da birbirlerine benziyordu...Ayşe Hanım'a Feride Hanım'la olan diyaloğumdan bahsederek, Allah'ın, neden bayanların örtünmesinden yana olduğunu sade bir dil ile anlattım. Konuşmalarımı dikkatle dinleyen Ayşe Hanım, yer yer söze katılıyordu.

Ayşe Hanıma:- 'Ben artniyetli olsam, ya da bir bayana arkadaşlık teklif etsem, ya da daha da ilerisini düşünerek iğrenç bir teklifte bulunmak istesem, sizce başı açık olan bir bayana mı teklifi götürürüm, yoksa tesettürlü olan bir bayana mı? Tabii yanlış anlaşılmasın, başı açıkların tamamının her tür teklifi değerlendireceğini söylemiyorum. Sadece şunu vurgulamak istiyorum;- 'Başı açık bir bayan ister istemez karşı cinse her tür teklife açık olduğunu söylercesine davetiye çıkarıyor. Bu demek değil ki başı acık bir bayan teklifleri değerlendirecek! Gelen teklifleri sert bir dille reddedeceği gibi, dinlemezlikten de gelebilir...'İşte bu sebeple başı açık olan insanlar anahtarı kapı üstünde unutmuş ya da bırakmış mülk sahiplerine benzerler...Yanlış anlamayın Ayşe Hanım, başı örtülüleri melek yerine koymuyorum.Son sözüm çok hoşuna gitmiş olmalı ki:- 'Çarşaf altında ne dümen döndürenler var!' dedi.

Ayşe Hanım son cümleyi şu psikolojiyle söyledi:- 'Allah'ım! Başımı örtmüyorum; ama namusumu koruyorum. Benim şu halim, örtüyü alet eden bir çarşaflıdan daha iyi. Ben kimseyi ve seni kandırmıyorum.'Ve şeytan, Ayşe Hanım'ın kulağına şunları fısıldayacak:-'Önemli olan olduğun gibi görünmektir. İnsan-

Fazla Açık Olmadığım İçin Günah Olduğunu Zannetmiyorum

ları kandırabilirsin! Ya Allah'ı? O'nu kandıramazsın. Onlar başörtülü olmalarına rağmen günah işliyorlar (Zina ve benzeri)...Sen ise olduğun gibisin. Kapalı bir şekilde günah işlemektense, açık (giyim) bir şekilde günah işlememek en iyisi. Sen doğru bir yoldasın. Hep böyle kal Ayşe Hanım!Ayşe Hanım'ın kalbi çok ferah. Ne fazla açılıp saçılıyor, ne de gizliden gizliye günah işliyor.

Vaktimiz sınırlı olduğundan konuşamadık. Deniz otobüsünden inip otobüsle eve giderken Ayşe Hanım'ın Allah inancını düşünüyordum.'Allah'ın bana günah yazacağını zannetmiyorum!' diyen bir insanın Allah inancındaki eksikliği bulmaya çalışıyordum. Ayşe Hanım'ın ilmihal bilgilerinden uzak kaldığı kesin. Ayşe Hanım'a Allah'ı ya yanlış tanıtmışlar ya da Ayşe Hanım'ın aklına Allah'ın kendisinden nasıl bir hayat talep ettiğini araştırmamış ya da sadece dünyalık düşünen bir çevresi var.

İmkan olsaydı da, Ayşe Hanım'a sorsaydık;

- 'Sizce madem sadece açılıp saçılmak günah, neden o zaman Allah başörtüsü emretsin ki?'

Ayşe Hanım da belki de farkında olmadan Nur-31'e ek bir madde ekliyor:

'... Her ne kadar Allah kapanın dese de, açılıp saçılmadıktan sonra dilediğiniz yerde, dilediğiniz saatte, dilediğiniz kişilerin yanında başınızı açabilir ve az da olsa (fazla dikkat çekmemek şartıyla) makyaj yapabilirsiniz.' (Ayşe Hanım'ın inanç şekli, 31).

Ayşe Hanım'ın bu inanç şekli üzerinde biraz daha araştırma yapıldığında, farkında olmadan Ayşe Hanım Allah'ın işine karışmış gibi oluyor. Yani;

- 'Allah'ım! Sen bir bayanın yabancı bir erkeğin yanında nasıl konuşması gerektiğini, nasıl kapanması ve kimlerin yanında açılıp açılmayacağını bizlere bildirmişsin. Buraya kadar her

BİR BAYAN NİÇİN ÖRTÜNMEK İSTEMEZ?

şey güzel...

Fakat, bir bayanın ileriye gitmeme şartıyla açılmasının hiçbir sakıncası olmadığını belirtmemişsin (haşa)! Başı açık olmama rağmen ne gelen teklifleri kabul ettim, ne de bir erkeğe ben teklif götürdüm...

Başımı açmamın kime ne zararı var? O yüzden sizin bu emriniz (Nur, 31) geçerliliğini yitirmiş (haşa!) Yani bilememişsin!

Şimdi imkan olacaktı da, bunları Ayşe Hanım'a anlatacaktık. Eğer Ayşe Hanım şöyle deseydi:

'Açık giyinmeyi Allah'ın sevmediğini biliyorum. Ama nefsime yenik düşüyorum.' Allah'ı eleştirmemiş olurdu. Ama ilkinde hem Allah'ı bilgisizlikle suçlamak var, hem de kendisini kanun koyucu olarak görmek var... Affedilir bir hata değil bu!*

Düşünüyorum da, her şeyi yerli yerinda yaratan, sudan insan yaratıp konuşma kabiliyeti veren, akla hayale gelmeyecek çeşitte canlı ve cansız yaratıp besleyen, onlara yetenekler veren ve rızıklandıran bir yaratıcı, pis bir sıvıdan insan yaratacak ve ona gerekli aklı verecek ve o insan Allah'ı bilgisizlikle suçlayacak! Aman Allah'ım!

Aklıma Allah'ın şeytana secde et emri ile Ayşe Hanım'a kapan emri geldi. Emir aynı merciden... İmtihan için şeytana secde emri, Ayşe Hanım'a da (bayanların tümüne) kapan emri... Şeytan, emrin geldiği merciyi unutuyor ve aklı güçlünün güçsüze boyun eğmesine takılıyor.

Ayşe Hanım da aynı şekilde emrin Allah'tan geldiğini, Allah'ın gücünü ve yaratılan her şeyin sahibi olduğunu ve tek tasarruf yetkisine sahip olduğunu unutup emrin getiri ve götürüsünü düşünüyor.

Şeytan, kendisinin ateşten yaratıldığını, secde edeceği var-

---

* Tevbe müstesna.

Fazla Açık Olmadığım İçin Günah Olduğunu Zannetmiyorum

lığın da değersiz bir çamurdan yaratıldığını bildiğinden biraz da maddeci düşünerek;

- 'Bana niye emrediyorsun?' demeyip,
- 'Sorunda bir yanlışlık var Allah'ım! (haşa) Güçlü, güçsüze nasıl boyun eğer? Benim şan, şeref, onur ve gururuma çok ters geliyor! Hatalı bir soru! (haşa) O yüzden ben secde etmek istemem!' diyor.

Ayşe Hanım da aynı şekilde:

- 'Allah'ım! Kapanın diyorsun da, kendisine güvenen bir insanı istisna etmen gerekmez miydi? (haşa!) Yani şöyle olabilirdi;
- 'Ey Muhammed! Mü'min bayanlara söyle:

"Eğer iffetlerini koruyacaklarına güveniyorlarsa, fazla açılmadan dilediği kimse ya da kimselerin yanında oturabilirler, tokalaşabilirler, birbirlerine (kadın-erkek) sarılabilirler, dilediği ortamda çalışabilirler, dilediği kişilerle yemeğe çıkabilirler (yemek yemek haram değil nasıl olsa!)... Eğer bir bayan kendine güvenemiyorsa, mutlaka kapanmalı ve belirttiğim (Nur, 31) kişiler dışında başını açmamalı...'

Ayşe Hanım ve benzeri düşünen okuyucularımdan, şeytanla kendilerini kıyas yapmama kızmamalarını rica ediyorum . Hani derler ya, teşbihte hata olmaz!

Size şeytan gibisiniz demiyorum. Sadece imtihan sorusu benzerliğinden benzetme yaptım. Ama şunu rahatlıkla söylerim ki, şeytan nasıl ki Allah'ı bilgisizlikle suçladıysa, Ayşe Hanım da aynı şekilde Allah'ı bilgisizlikle suçladı. Rica ediyorum abarttığımı zannederek;

- 'Olayı büyütüyorsun! Ne olmuş ki? Sadece Allah'ın bana günah yazdığını zannetmiyorum diyor o kadar!'. Demeyin.

O zaman sorarım size;

- 'Maaşını almak isteyen Ayşe Hanım'a, patronu;
- 'Bu ayki maaşını sana vermek istemiyorum. Ben de alma-

BİR BAYAN NİÇİN ÖRTÜNMEK İSTEMEZ?

yıp senin adına bir hayır kurumuna vereceğim ve yaptığım bu işin günah olduğunu zannetmiyorum' demiş olsa, Ayşe Hanım ne düşünür?

Ya da evine giren bir hırsızın cepten Ayşe Hanım'ı arayarak:

- 'Allah'ın bana günah yazacağını zannetmiyorum dese Ayşe Hanım ne düşünür?'

Çok tehlikeli bir söz... Direkt inançla alakalı... 'Zannetmiyorum'la biten bir sözü ikna etmek çok zor. Kolay kolay hatasını anlayamaz. Nasihata kapalıdır. Hep öyle kalır.

Ayşe Hanım'ı düşünüyorum da, hani demişti ya, fazla açılıp saçılmanın günah olduğunu düşünüyorum! Diyorum ki, kendisini bir düğüne ya da iş arkadaşlarının vermiş olduğu bir partiye davet etseler... Acaba deniz otobüsündeki gibi giyinerek mi giderdi? Sakın 'evet' demeyin, inanmam!

Alkol kullanan bir şahıs da aynı şeyleri söylüyor. Az içersen problem yok. Ama genelde çok içiliyor ve problem çok...

Yine düşünüyorum da, başı açık olan bir çok bayan Ramazan orucunu, hatta üç ayları bile tutuyorlar. Acaba neden ? yaz aylarında orucun tutulacağını zannetmiyorum. O yüzden ben ve dayanamayanlar gündüzlerin kısa olduğu bir kış ayında da tutsak, günah olacağına inanmıyorum demiyorlar da uzun ve sıcak bir yaz günü oruç tutuyorlar? Hem de otuz gün boyunca, ara mara vermeden !..

Ya da oruç esnasında doymayacak kadar yemenizin günah olacağını zannetmiyorum, demiyorlar? Gerçekten de merak ediyorum.

Acaba kendilerini kandırdıklarının farkındalar mı? Yoksa, minareyi çalan kılıfı hazırlar misalinde olduğu gibi mi ?

Yine imkan olsa da Ayşe Hanım'a hayatımdan bir kesit anlatıp, bazı şeyler sorsaydım. Önce yaşadığım bir anıyı anlata-

Fazla Açık Olmadığım İçin Günah Olduğunu Zannetmiyorum

yım, sonra da Ayşe Hanım'la beraber analiz yapalım:

2000 yılında bedelli (28 gün) askerlik için Samsun'dayım. Güneş altında beden hareketleri yaptıktan sonra, ağaç altında gölgeleniyoruz. Diğer askerler gibi çavuş da sırtını çam ağacına yaslamış, elinde sigara, gurbete duman üflüyor...

Başka bir çavuş nefes nefese koşarak;

- 'Paşa geliyor, paşa!' der demez bizim çavuşun ayağa kalkmasıyla, sigarasını söndürmesiyle kepini takması bir oldu. Eğitim dışı ağaç altında oturmak ve sigara içmek yasak değildi. Bulunduğumuz yere geldikten sonra çavuşun hareketlenmesini normal karşılarım. Ben deseydim ki çavuşa; 'Niye bu kadar panik yapıyorsun? Rahat ol!.. Paşanın bize kızacağını zannetmiyorum. Hadi otur ağaç altına da sigaranı bitir!' Çavuş bana ne derdi?:

- Sen Paşa'yı tanıyor musun?
- Verdiği disiplin cezasından haberin var mı?
- Askerliğinin uzamasını mı istiyorsun yoksa?
- Paşa'nın bir üstünü mü tanıyorsun? (Ki, sana dokunamasın)
- Ya da işkence sana zevk mi veriyor?

Önceki sayfada da dediğimiz gibi, teşbihte hata olmaz. Aynı şekilde biz de Ayşe Hanım'a ve kendisi gibi düşünen bayanlara soralım:

- 'Allah'ı ne kadar tanıyorsunuz?'
- 'Allah'ı Kur'an'da mı tanıdınız, yoksa çevrenizdekilerin Allah inancıyla mı tanıyorsunuz?'
- 'Kendi emir ve tavsiyelerini hafife alan bir insana vereceği karşılığı hiç düşündünüz mü?'
- 'Allah'ın gücü üstünde bir güce mi sahipsiniz?'
- 'Ya da Allahu Teala kanunlarını insanların inisiyatifine mi bırakmış?'

Sakın ola kendinizi kandırmış olmayasınız? Sakın ola Allah'ın şu sözüne muhatap olmayasınız:

"De ki: 'Yanınızda bize açıklayacağınız bir bilgi var mı? Siz zandan başka bir şeye uymuyorsunuz ve siz sadece yalan söylüyorsunuz" (Enfal, 148).

"Doğrusu onlar, zandan başka bir şeyin ardına düşmüyorlar ve onlar sadece yalan söylüyorlar." (Yunus, 66).

"Sizi sadece boş yere yarattığımızı ve sizin hakikaten huzurumuza getirilmeyeceğinizi mi sandınız?" (Mü'minun, 114).

Belki de bazı okuyucular Ayşe Hanım'a fazla yüklendiğimi ve 'insaf' sınırını aştığımı zannedebilirler. Ama inanın mesele zannettiğiniz gibi 'bir bez parçasıyla ne olacak ki?' gibi değil.

- 6 -
Genç Yaşta da Kapanmak Olmaz ki...
Yaşlanınca İnşaallah!

2004 yılında imza günü için Ankara Kocatepe kitap fuarındayım.

Okuyucularla hem muhabbet ediyoruz, hem de başı açık (genç ve yaşlı ayırd etmeksizin) okuyuculara, yazmayı düşündüğüm 'Bir bayan niçin örtünmek istemez?' isimli kitabımdan bahsediyorum. Birbirlerine yakın mazeretler beyan ediyorlardı. Lise çağında bir bayan ve iki arkadaşı 'Şeytan bu kitaba çok kızacak!' isimli kitaplarımı imzalatmak için istediler. Onlara da aynı soruyu sordum ve;

- 'Genç yaşta da kapanmak olmaz ki! Yaşlanınca ya da ileride inşaallah!' dediler.

Konuşacak müsait bir ortamı yakalayamadık ve gittiler. Öğrenci bacılarımızın bu sözünde göze batan ilk problem zamanında yapılması gereken bir ibadeti ertelemek istemeleriydi. Görünüşte bacılarımız başörtüsüne karşı değildiler.

Sadece zamanlama hatası olduğunu düşünüyorlar. Üzülerek söylüyorum ki, bacılarımız da Allah'ı suçluyorlar. Bacıları-

BİR BAYAN NİÇİN ÖRTÜNMEK İSTEMEZ?

mız da (Nur, 31)'e yeni bir boyut kazandırarak;

'Ey Muhammed! Mü'min kadınlara de ki: Yaşlanınca mutlaka kapanın...' diyorlar.

Bacılarımız Allah'ı suçladıklarının belki de farkında değillerdi. İnanıyorum ki farkında değillerdi. Yaşlanınca inşaallah sözü bir hastalık belirtisiydi. Hem de salgın bir hastalık. Kimilerine kılacağı namazı erteletiyor, kimilerine yapacağı haccı, kimilerine de farklı ibadetleri... Gerçekten de üzerinde uzun uzun düşünülüp çözümler üretilmesi gereken salgın ve ölümcül bir hastalık:

'Erteleme hastalığı!'

Erteleme hastalığına kuvvetli bir ilaç bulunulduğunda büyük bir ihtimalle problem çözülür* diye düşünüyorum. Şu anki konumuzun başörtü olması hasebiyle sadece bu konuya değineceğim. Başlığımızı atalım:

Bir İnsan İbadeti Niçin Erteler?

Elbetteki kişinin yaşı, kültürü, aile yapısı, çevresi, maddi durumu, psikolojik yapısı, bünyesi vs.'ne göre değişir.

Kiminin yaşı etkendir, kiminin aile yapısı... Kimi maddi boyutunu ön plana çıkarır, kimi arkadaş çevresinden etkilenir. Tabii bu kitapta hepsini genişçe açıklayamayacağım. Sadece onların mazeretlerini birkaç cümleyle pas geçeceğim:

a) Dünyayı Çok Sevdikleri İçin: Her şeyin sahibi ve insanları gözetip kollayan büyük yaratıcı insanoğlunun dünyada güzel ve sorunsuz yaşayabilmesi için insanoğluna bazı sevgileri programlamış:

---

* Hidayet Allah'tan tabii..

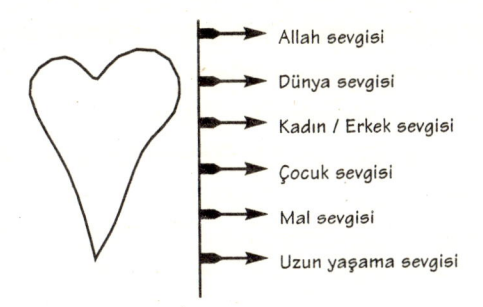

Genç Yaşta da Kapanmak Olmaz ki... Yaşlanınca İnşaallah!

- Allah sevgisi
- Dünya sevgisi
- Kadın / Erkek sevgisi
- Çocuk sevgisi
- Mal sevgisi
- Uzun yaşama sevgisi

Bakıyoruz;

'- *Nefsani arzulara,*

- *(Özellikle) Kadınlara,*

- *Yığın yığın biriktirilmiş altın ve gümüşe,*

- *Salma atlara,*

- *Sağmal hayvanlara,*

- *Ekinlere*

düşkünlük insana çekici kılındı.

Bunlar dünya hayatının geçici menfaatleridir. Halbuki varılacak güzel yer, Allah'ın katındadır.' (Al-i İmran, 14).

Dikkat ederseniz, Allahu Teala dünya ve içindekileri sevmeyin demiyor. Bakın ne diyor?:

"Ey insanlar! Allah'ın vaadi gerçektir, **sakın dünya hayatı sizi aldatmasın** ve o aldatıcı (şeytan) da Allah hakkında sizi kandırmasın!" (Fatır, 5).

Yani ömrünüz dünyalık mallar peşinde olmasın. Dünyaya fazla dalmanız, Allah'ı ve (emir, yasak ve tavsiyelerine uymayı) unutturmasın. Allah, insanların dünyaya dalmalarını bildiğinden ;

"Sakın dünya hayatı sizi aldatmasın..." diyor. Bu ayetleri notlarken aklıma gençken oynadığım futbol maçları geldi. Futbol oynamak benim için büyük bir zevkti. Cumartesi dersane-

BİR BAYAN NİÇİN ÖRTÜNMEK İSTEMEZ?

ye gitmiyor, arkadaşlarımla sabahın o erken saatinde okul bahçesinde (abartısız) saatlerce top oynuyorduk. Aklımıza ne dersane geliyordu, ne yemek, ne de namaz...

Futbol zevkine neleri kurban etmemiştim ki?

Zannedersem, Allah'ın bahsettiği "Dünya hayatı sizi aldatmasın!" buydu.

Oynadığım futbolun her saniyesinden zevk alıyordum. Ezanın okunması demek bir süre o zevkten mahrum kalacağım anlamına geliyordu. Arkadaşlarım top oynarken ben camiye gideceğim, namaz kılacağım ve tekrar sahaya döneceğim. Cazip bir teklif değildi o an!*

Kumar masasında oyuna dalmış bir kumarbaz, zevki için sizce neleri feda ediyor?

1- Salih amellerini
2- Vaktini
3- Sağlığını (sigara dumanları vs.)
4- Malını
5- Kişiliğini
6- Ailesini...

Zamanında kumar oynayıp da sonradan iman etmiş arkadaşlarım anlattılar:

- 'Sabaha kadar oynuyorduk. Bizi sandalyeden sadece tuvalet ihtiyacı kaldırıyordu. Her saniyesinde heyecan vardı. O an insanın aklına ne din gelir, ne sağlık gelir, ne de ailemiz gelirdi... Kumarın özel bir zevki vardı. Zehirli özel bir zevk!'

Son olarak ticarete dalan bir tacirden misal vererek anlattıklarımızı şablon halinde sunalım.

Mal biriktirmeyi ve insanlara hükmetmeyi seven insanoğlu,

---

* Her top oynayan namazı erteler demiyorum. Tam bir bilinç olmadığından ertelemiştim.

Genç Yaşta da Kapanmak Olmaz ki... Yaşlanınca İnşaallah!

helalinden ticaret yapmak ister. Gün gelir, Allah onu zenginlikle imtihan etmek için o kuluna ummadığı yerden rızık vererek ticaretini zenginleştirir.

İşleri oldukça yoğundur artık. Önce namazını vaktinde kılmayarak ilk tavizini verir. Ziyaret için gittiğinizde ikindiye beş dakika kala onu namazda görürsünüz. Ne de hızlı kılar! İkindi okundu mu? sorunuz bir hayli canını sıkar namazzedenin...

Genç yaşta zengin olur ve hac mevsimi yaklaşır.. Önce evdeki yaşlıları gönderir. Onlar da kendi babalarını göndermişti. Gencimiz ticaretini rayına oturtmak ister. Açılan her bir şube, ticaretin oturmadığını gösterir. Ve daha çok uğraş ister.

Önce namazı erteler, sonra da haccını... Gerekçeleri ne kadar mantıklı, bilmiyorum!

TAVİZLER ZİNCİRİ

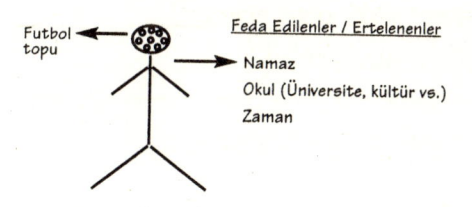

Futbol topu

Feda Edilenler / Ertelenenler
Namaz
Okul (Üniversite, kültür vs.)
Zaman

Feda Edilenler / Ertelenenler

1- Salih ameller
2- Vakit
3- Sağlık (sigara dumanı) ve sağlıksız beslenme
4- Mal
5- Kişilik
6- Aile

Kumar kağıdı

BİR BAYAN NİÇİN ÖRTÜNMEK İSTEMEZ?

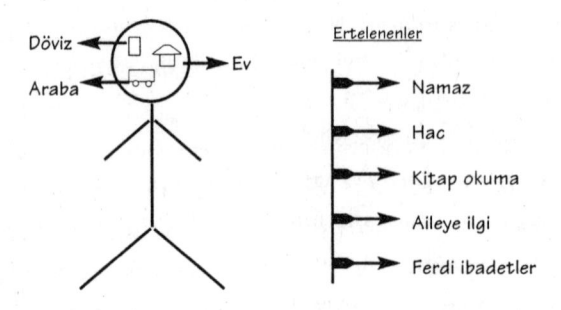

Kendini ticarete kaptıran tüccar. (Her tüccar için demiyoruz)

Ertelenenler: Namaz, Hac, Kitap okuma, Aileye ilgi, Ferdi ibadetler

Allah'ın emir, yasak ve tavsiyelerini erteleten amelin cinsi ve şekli ne olursa olsun ciddi bir problem olarak algılamalı.

Şimdilik ilgi alanımız başörtü olduğu için tekrar konumuza dönüyoruz.

Bir bayan nasıl olur da başörtüsünü bir dönem dahi olsa erteler?

Şuna yüzde yüz inanırım;
'Günah işleme potasına giren, işleyerek çıkar.'
Önemli olan sınırlara yaklaşmamak.

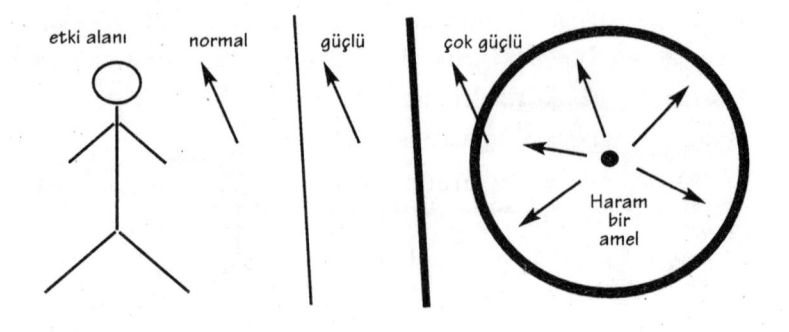

etki alanı — normal — güçlü — çok güçlü — Haram bir amel

Genç Yaşta da Kapanmak Olmaz ki... Yaşlanınca İnşaallah!

Hele de günah işlemeye karar verilmişse, yani bir bayan, ortaokul, lise, üniversiteyi okumaya karar vermişse, günah potasına girmiştir. O bayan en az 10 yıl günah işlemeyi göze almıştır. Kendi kendini de şöyle kandırır:

- 'Allah'ım! Sana söz veriyorum, iffetimi korumaya çalışacağım. Öğrenci arkadaşlarıma İslam'ı anlatacağım ve okul bittiğinde kendimi İslam'a adayacağım!'

Başka bir aday da şöyle der:

- 'Namaz kılan ve İslam'ı bilen bir bayan okumazsa okuldaki diğer bayanlara kim İslam'ı anlatacak? Hem hizmet edeceğim hem de okuyacağım!'

Ancak öyle telafi edeceğini zannediyorlar.

Bakkal ve kasaba borçları var, bakkala olan borcunu ödeme, kasaba fazlasıyla ver... Yok böyle bir şey!

İşlenecek bir haramın cinsi ne olursa olsun. Karar verildikten hemen sonra, yani;

- 'En az 10 gün, ya da 3 yıl sürecek günah işlemeye karar veren bir insanın imanı zayıflar. Bitmek üzere olan bir fener pili gibi fazla uzağı göstermez.

Zayıflayan bir iman da, günah işleme potasındayken eleştirilere pek de aldırış etmez. Çünkü bir tarih belirlemiştir. O tarihler arası ful günah işleyecektir. Tarih tamamlandığından hemen sonra (hiç ara vermeden) güzel bir tevbe ederek işi sağlama alacaktır. Günah işleme döneminde vicdanen rahatlaması için de değişik bahaneler üretmek zorundadır. Yarın Allah'ın huzuruna çıktığında sığınacağı mazeretleri olmalı...'

-'Allah'ım! Tüm uyarılarına rağmen başımı en az 10 sene açtım. Yani 10 sene boyunca gerekçeler uydurarak senin emrini çiğnedim. Ama 10 sene boyunca boş durmadım!*

Abdestsiz namaz kılmak gibi bir şey...

BİR BAYAN NİÇİN ÖRTÜNMEK İSTEMEZ?

İnanın başını bir dönem açan bir bacının hesap gününde nasıl bir gerekçe beyan edeceğini çok merak ediyorum.

Şu 10 sene sürecek olan günahı bir daha masaya yatırmak istiyorum:

Ortaokul (3 yıl) + Lise (3 yıl) + Üniversite (2 ya da 4 yıl) . Bir okulun mevcudunu 1000 ile 1500 arası düşünürsek, en az750 erkek öğrencinin birçoğu başı açık olan bir bacıya bir şekilde bakacak... Bakmalarına vesile olduğu için günah kazanmış olacak... Her gün onlarca günah!..

Bacımız ders anlatmak için ayağa ya da tahtaya kalkacak, tüm gözler üzerinde olacak. Herhalde herkes o bacının anlattığına kulak verip notlar almayacak! Aman Allah'ım! Her saniye günah işlemek!

Benim bildiğim, işlenen günahın hemen akabinde Allah'tan özür dilenir. Ara verilmez. Bakalım Allah (cc) ne diyor:

"**Allah sizin tevbenizi kabul etmek ister;** şehvete uyanlar (kötü arzuların esiri olanlar) ise büsbütün yoldan çıkmanızı isterler." (Nisa, 27).

Çok güzel!.. Allah (cc) tevbeleri kabul etmek istediğini söylüyor. Ne güzel! Acaba tevbenin vakti ve zamanlaması için bir şart koşuyor mu, ona bakalım:

"**Allah'ın kabul edeceği tevbe, ancak bilmeden kötülük edip de sonra tez elden tevbe edenlerin tevbesidir;** işte Allah bunların tevbesini kabul eder. Allah her şeyi bilendir, hikmet sahibidir..." (Nisa, 17).

Eveet! Bir tevbenin kabul edilebilmesi için günahın hemen akabinde tevbe etme şartı koşuluyor. Bunun bile yeterli olmadığını başka bir ayette şöyle dile getiriyor:

"Kim tevbe edip iyi davranış gösterirse, şüphesiz o, tevbesi kabul edilmiş olarak Allah'a döner." (Furkan, 71).

Mesele şu; 10 yıl günah işlemeyi göze alan bir bayanın

Genç Yaşta da Kapanmak Olmaz ki... Yaşlanınca İnşaallah!

okulun ilk gününde işlediği günahın bağışlanması için;

1- İşlediği günahtan hemen tevbe edecek. (Yani ilk teneffüste başını kapatıp evinin yolunu tutacak).

2- Tekrar kapandıktan sonra da ekstradan bir salih amel işleyecek.

Yani işlenen bir günahın tevbesi on sene sonra olmaz. Hafife almak gibi bir şey!

b) Bir insan ölümü unuttuğu için bazı ibadetleri erteler

En az on sene başını açarak birçok kanaldan günah işlemeyi göze alan bir bayan, ölümün okul döneminde de olabileceğini hesaplamamıştır. Belki de kendi sınıfında ya da okulunda herhangi bir sebepten ölen bir öğrenciyi işittiklerinde bir anlık;

- 'Ya ölüm bana da gelirse?' diye düşünebilirler. Eminim ki kendilerini şöyle sakinleştirecekler;

- 'İlim yolunda ölmek sevap getirir' doğru ama hangi ilim yolunda ve hangi şartlarda!

İnsanoğlunun en zayıf yerlerinden biri de çok sonralara hesap yapmak. Aklıma konumuzla alakalı bir fıkra geldi. Onu anlatayım;

Kiracı bir aileyi evinden çıkarmak isteyen bir ev sahibinin aklına müthiş bir fikir gelir. Soluğu kiracısında alan ev sahibi:

- 'Bir ay içinde evimden çıkarsan sevinirim!' der.

Kiracı: -'Neden?'

- 'Ben yeni evliyim. Bizim çocuğumuz olacak, büyüyecek, okuyacak, evlenecek... Bu daireyi ona vermeyi düşünüyorum da!

Maalesef biz insanoğlunun en zayıf yeri... Şeytan da zayıf yerimizi bildiği için plan ve projelerini ona göre şekillendiriyor.

BİR BAYAN NİÇİN ÖRTÜNMEK İSTEMEZ?

Düşünüyorum da, herhangi bir sebepten üniversite okuyup diploma almak için ortaokula kaydını yaptıran bir bayan, on sene zaman zarfında sınıfta kalmayı, maddi bir problemden dolayı orta iki ya da orta üçte ayrılma durumunda olmayı, ya da lisede sınıfta kalmayı ya da üniversiteyi kazanamayabilii olasılığını hiç düşünmüyor mu?

Ya da okul döneminde başı açık bir şekilde öleceğini?...

Şeytan bu!.. Boş durmaz ki!.. Çok ileriye yönelik plan projeler yapmamızı ister. Oysa ki ölüm ne kadar da yakın...

c) Bir insan ahireti unuttuğu için bazı ibadetleri kolayca erteler

Kazanacağı ödülün değerini bilmeyen ya da kazanacağı ödülü hiç işitmeyen bir yarışçının başarı olasılığı oldukça zayıf olur.

Üniversite sınavına hazırlanan bir öğrenciye denilse ki;

- 'Ortadoğu Teknik Üniversitesi'nde, 'Hi-tecpoint'[*] fakültesi ya da bölümü var. İstersen tercih formuna bu fakülteyi de işaretle. Sizce aklı başında olan bir öğrenci ne der bu teklife?

Önce gireceği bu fakülteyi tanımaya çalışır. Bitirince ne olacağını, o bölümü okumaya zeka ya da bilgi-birikimim uygun mu, değil mi? O fakülte mezunları iş bulabiliyorlar mı? Bir sürü soru...

Vermiş olduğum örnek misali Allahu Teala da Cennet fakültesinden bahsediyor. O üniversitede gençliğini doyasıya yaşamak da bir bedel ister. O fakültenin de olmazsa olmaz evrakları ve imzaları var. O fakülte başı açık resim kabul etmiyor.

Sınırsız bir hayat yaşanacağı için imtihan süresi 3 saatle sınırlı değil. İmtihan süresi

---

Bir milyona aldığım ve şu an yazmakta olduğum bir pilot kalemin markası.

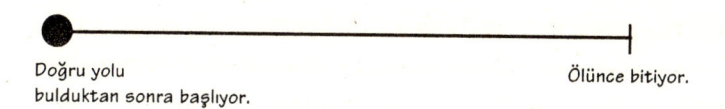

Genç Yaşta da Kapanmak Olmaz ki... Yaşlanınca İnşaallah!

Doğru yolu bulduktan sonra başlıyor.

Ölünce bitiyor.

Soru kitapçığı her an alınabilir. 3 yıl sonra, 3 ay sonra, 40 yıl sonra vs. Karşılığında ise akla ve hayale gelmeyen sınırsız güzellikler... İş bulma derdi yok, kiracılık yok, okul yok, çalışmak yok, garibanlık yok. Herkes patron orada. Hem de ölüm yok!

O güzelim mekanlar altı üstü bir diplomaya feda ediliyor. Okula kaydını yaptıran bir bayan başı açık fotoğraf çektirmeden önce Kur'an ve hadislerde cennetin fotoğrafını çektirsin ve neleri kaybetmek üzere olduğunu bir bir görsün!

Tabii bir de bunun cehennem fakültesi var.

Cennet fakültesini kazanamayanların başı açık bir şekilde kayıt yapmalarında bir sakınca olmayan cehennem fakültesi var. Şimdilik değinmeyelim oraya.

'Yaşlanınca kapanırım' sözü sadece öğrencilere ait olan bir söz değildir kuşkusuz. Bu sözü bir öğrenciden işitebileceğin gibi, bir ev hanımından da işitebilirsin. Bunlar, baştan pes etmişler, sahaya beş sıfır yenik giriyorlar.

Yani diyorlar ki;

-'Allah'ım! Her ne kadar da bir bayanın kapanmasını istiyorsan da; ben, şimdilik kapanmayı düşünmüyorum! Eğer ömrüm yeterse, erkekler benden ilgi ve alakayı keserlerse, yapacağım makyajlar eski güzelliğimi korumazsa, saçlarım ağarır ya da dökülürse, söz, kapanacağım!'

Evet... Yaşlı bir bayan ancak yukarıdaki sebeplerden kapanır. Yani Allah kapanın dediği için değil.

Hadi öğrencileri anladık diyelim[*], peki bunlar hangi psiko-

---

[*] Aslında anlamadık.

BİR BAYAN NİÇİN ÖRTÜNMEK İSTEMEZ?

lojiyle "Yaşlanınca kapanırım!" diyor?

Kanaatimce cesaret edip;

-'Kapanmayı düşünmüyorum!' diyemiyorlar. Mutlaka ailesinde ya da birinci derecede akrabalarında yarım başörtülü de olsa mutlaka biri var ve az da olsa onun payı var, diye düşünüyorum.

İmkan olsa da sorsak;

- 'Gerçekten de yaşlanınca kapanacağına inanıyor musunuz?'
- 'Yaşlanınca kapanmak istemenizin sebebi ne?'
- 'Allah emrettiği için mi, çirkinliğinizi gizlemek için mi?'

Eğer çirkinliğinizi gizlemek için örtüyorsanız, Allah'tan bir sevap beklemeyin. Bazen caddede, sokakta, otobüs duraklarında zorlanarak yürüyen başı açık ve doğadaki tüm renkleri yüzünde sergileyen yaşlı teyzeler görürüz. İnanıyorum ki, bir kısmı yaşlanınca kapanırım demişlerdi.

Kızmayacaklarını bilsem, o yaşlarına rağmen kime güzel gözükmek için makyaj yapıyorsunuz, hiç aynaya da mı bakmadınız? Yoksa kendinizi hâlâ genç mi hissediyorsunuz? 45'lik bir delikanlıdan "Çıkalım mı teyze?" teklifini mi bekliyorsunuz? diye sorardım.

Her beden yaşlanınca eski tazeliğini kaybeder. Güzellik gider. Yaşlanmak ve güzelliğin kaybolması suç değil. Ama inanın yaşlılığın bile farklı güzelliği var. Hani deriz ya, nur yüzlü nine, nur yüzlü dede! Gerçekten de öyledir. Yaşlılara bile farklı bir güzellik verir başörtüsü.

'Yaşlanınca kapanırım' diyen bir insan sanki, "Bana hikaye, gazel anlatma kardeşim! Tamam, anladık, yaşlanınca kapanırız! Bak sana tarih verdim. Artık o saate kadar bana başörtüden bahsetme!' diyormuş gibime geliyor.

Herhangi bir şekilde günah işlemeye karar veren bir insan,

Genç Yaşta da Kapanmak Olmaz ki... Yaşlanınca İnşaallah!

işleyeceği günaha bir zaman verir. Yani, şu şu tarihler ya da şu saatler arasında günah işleyeceğim. Ama sonradan da tevbe edeceğim. Herhalde bir defayla bir şey olmaz. Tevbe edersin geçer.

Sadece okul için günah işlemeye karar veren bir bayan 10 seneyi gözünden çıkarmıştır. Ama nefsini rahatlatması için 10 sene sonuna güzel yatırımlar yapacağını vaad eder*.

Zina yapmaya karar veren bir insan birkaç saatini günaha ayırır. O zaman zarfında eleştiri ve nasihata kulakları tıkalıdır. Dinlemez...

Gıybet yapmak isteyen bir insan bir ile beş dakika arası günah işlemeye karar vermişse, kimse onu tutamaz. Gıybetini yarıda kesip tevbe eden insana az rastlanır.

Şunu demek istiyorum; her kim olursa olsun, günah işlemeye karar veren bir insan, karar anında imanı zayıflamıştır. Günaha giriş yapmadan önce, kendince geçerli bir mazeret ayarlamıştır. Günaha giriş yapıp çıkıncaya kadar ne ayetten anlar, ne de hadisten...

(0-50) arası, şeytan;

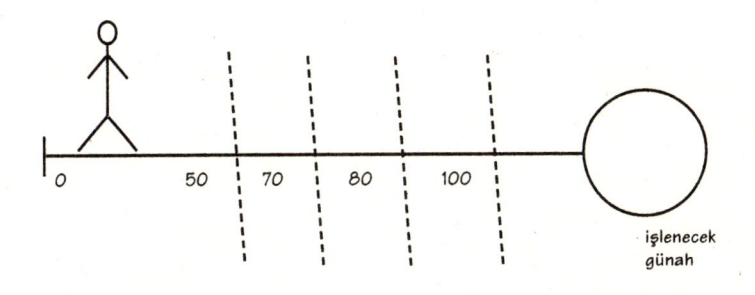

---

*'Yani kendimi İslam'a vereceğim. Müslümanlara yardım edeceğim. Kazancımı infak edeceğim' derler. Kara parayı aklamak gibi kara yaşamı aklayacaklarını zannederler.

BİR BAYAN NİÇİN ÖRTÜNMEK İSTEMEZ?

- 'Bir defayla bir şey olmaz. Tevbe edersin geçer. Bugün olmazsa yarın mutlaka o eylemi yapacaksın. Fırsat varken bence şimdi değerlendir' diyerek ilk vesveseyi verir.

(50-70) arası karar verilmiştir ama tekrar vazgeçme olasılığı da yok değil. Olası bir nasihatle geri adım atılır.

(70-80) arası maddi bir engel olmadıkça geri adım atmak çok zor. O an Allah'ın vereceği ceza pek de akla gelmez.

(80-100) işlenecek günahın büyüklüğü ve cinsi ne olursa olsun, adımlar hızlanır, akla din, iman, kitap gelmez.

(100-Günah) gözler kör olmuş, kulaklar sağır ve iman en zayıf derecesine düşmüştür.

Son bir tablo daha çizip bu başlığımızı da noktalamış olalım.

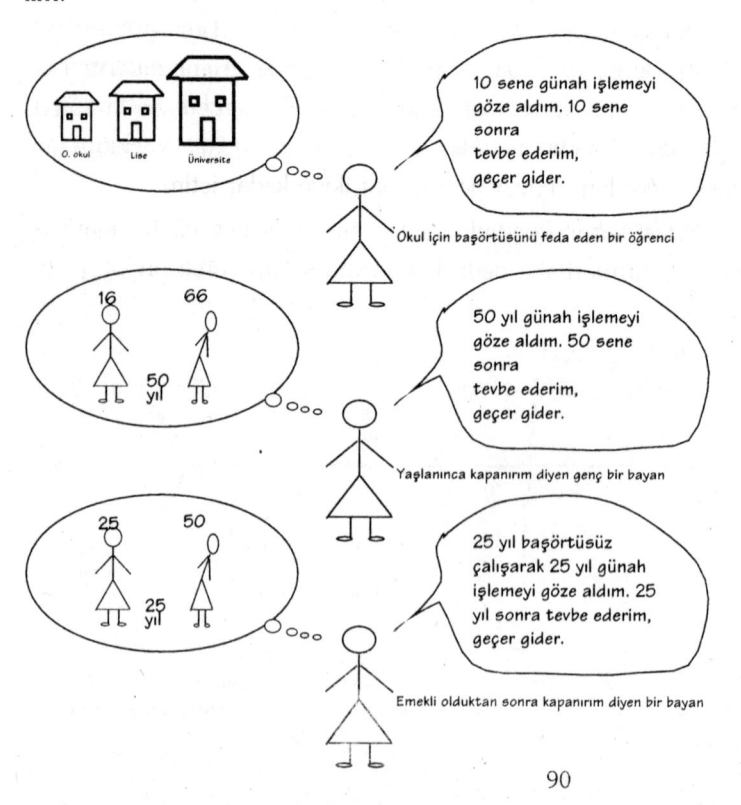

O. okul   Lise   Üniversite

10 sene günah işlemeyi göze aldım. 10 sene sonra tevbe ederim, geçer gider.

Okul için başörtüsünü feda eden bir öğrenci

16   66
50 yıl

50 yıl günah işlemeyi göze aldım. 50 sene sonra tevbe ederim, geçer gider.

Yaşlanınca kapanırım diyen genç bir bayan

25   50
25 yıl

25 yıl başörtüsüz çalışarak 25 yıl günah işlemeyi göze aldım. 25 yıl sonra tevbe ederim, geçer gider.

Emekli olduktan sonra kapanırım diyen bir bayan

Genç Yaşta da Kapanmak Olmaz ki... Yaşlanınca İnşaallah!

Oh! Ne güzel! 10-25-50 sene (saat değil) sürekli günah işle, yıllar sonra Allah'tan özür dile! Aman Allah'ım, ne mantık!

Bazı ibadetleri erteleme ya da kötü alışkanlıklardan uzaklaşmak için ileri bir tarih vermek, şeytan tarafından iyi şırıngalanmış.

Benzeri bir durum benim başımda şöyle cereyan etti:

On yıl sigara içtikten sonra, artık bırakmam gerektiğini düşündüm. Çok kez bırakıp tekrar başlamıştım. Sigara paketini kırıp 3-4 saat sonra ya da bir hafta sonra tekrar aldığımı çok iyi hatırlarım. Bu on yıl böyle devam etti.

Kesin bırakmaya karar verdiğimde, 55 bin liraya aldığım marlboro sigarası hâlâ cebimdeydi. Bu kez paketi kırıp atmadım. Önce beynimdeki paketi kırmam gerekiyordu ve bir şekilde onu kırdım. Erteleme hastalığı belirtisi başladı ve pazartesi sabahı kesinkes bırakacağıma karar verdim. Kendimden emin olduğum için bu kez yemin etmedim. Perşembe ya da cuma günüydü. Arkamdan atlılar geliyormuşçasına sigara üzerine sigara içiyordum. Pazar gecesi saat ikiye kadar içtim.

Ertesi sabah kendini boşlukta hisseden Feyzullah, sigarasız bir hayata merhaba dedi. Bu hayata selam vereli on yıl geçti. İnşaallah bu selamım ömür boyu devam eder.

Diyorum ki erteleme hastalığı ciddi bir hastalıktır. Bu dünyada en fazla öldürür. Ama diğer tarafta kesinlikle süründürür.

- 7 -
Tekrar Açılırım Düşüncesiyle Kapanmıyorum

☙☙☙

Başörtüsü'nün Allah'ın bir emri olduğunu inkar etmeyen, şeytanın kendisi için hazırladığı dramatik bir filmi tekrar tekrar izleyen, başı açık insanlarla samimi bir arkadaşlığı olan, arkadaş çevresinde başörtülü insanların pek de olmadığı (ve birazdan birkaç mazeret daha sıralayacağım) açık bir bayana ait olan bir örtünmeme mazereti;

'Tekrar açılırım düşüncesiyle kapanmıyorum'.

Böyle düşünüp de kapanmayan bir bayan Nur, 31'e dokunmuyor. Ne eklemelerde bulunuyor, ne de bazı maddeleri cımbızlıyor. Tamamen şeytan ve arkadaşlarının tesirinde. Tedavisi kolay bir mazeret. Tabii ki bayanın samimiyetiyle de alakalı.

Başı açık okuyucularımdan gelen mektup ve maillerdeki örtünmeme mazeretlerinden biri de buydu:

'Tekrar açılırım düşüncesiyle kapanmayı düşünmüyorum.' Üzerinde uzunca düşündüğüm; 'Bir bayanın acaba ileriye yönelik düşüncesinde hangi etken ya da etkenler başörtüsünü tehdit

BİR BAYAN NİÇİN ÖRTÜNMEK İSTEMEZ?

etmektedir?' sorusuna cevap bulduğum an reçeteyi hazırlayabilirdim.

Bir bayan neden tekrar açılırım diye düşünür?

Ya da 'Bir bayan, kapanırsam ileride olsa, daha da ileride olsa, başımı açacağımı düşünmem' demez?

Aradaki nüansı tespit ederek başlığımızı aydınlatmaya çalışalım.

1- Tekrar başımı açarım düşüncesiyle **kapanmak istemiyorum.**

2- Kapanırsam, ilerde de olsa, **başımı açmayı istemem.**

Zannedersem aradaki fark daha net görülüyor.

Birincide, başörtüsüyle arasındaki engel ya da engelleri gözünde çok büyütüyor. Ya da mücadele edecek gücü kendisinde bulamıyor, ya da arasındaki engellerin ciddi ve geçerli bir mazeret olduğuna inandığından engellerin olması pek de rahatsız etmiyor!

- İkincide, 'kapanırsam' diyen bir bayan için engellerin şekli şemaili ve gücü o kadar da önemli değil. Hiçbir güç ve yaşam zevki şekli başörtüyü başından indiremez. Bir çok şeyi feda etmeye hazır.

Şimdi ara başlığımızı atabiliriz.

1. Sebep: Başörtünün gerekliliğini, ağırlığını kavrayamadığından

Kitabımızın bu sayfasına kadarki yazıları okuyan bir bacımız, başörtünün ne kadar da önemli ve gerekli olduğunu kavramıştır diye düşünüyorum. Yeni bir yazı, tekrar olacağından yazma ihtiyacı hissetmiyorum.

Tekrar Açılırım Düşüncesiyle Kapanmıyorum

2. Sebep: Arkadaş çevresi

Bence en önemli sebeplerden biri. Günümüzün büyük bir kısmı yakın arkadaş ve dostlarla beraber geçer. Onlarla güler, onlarla ağlar, onlarla sırlarımızı, günahlarımızı paylaşırız.

Sıkı bir arkadaşlıkta karakterler, huylar, özel zevkler zamanla benzerlik gösterir. Artık aynı filmi izler, aynı tatlı çeşidini sever ve benzer tarz giyinmeye başlarlar. Bu arada taraflardan biri, herhangi bir günahı işlemeyi düşündüğünde, en yakın arkadaşını aynı günaha ortak etmek ister.

Böylelikle hem arkadaşından cesaret bulur, hem de arkadaşlık bağının daha da sağlamlaşacağına inanır. Artık, günahta da arkadaştırlar.

Gün gelir, arkadaşlardan birine başörtünün gerekliliği anlatılır. O, bir taraftan başörtüsü nasihatını dinlerken, diğer taraftan arkadaşlarına nasıl hesap vereceğini ve acaba kapanırsam beni tekrar aralarına alırlar mı, ya da 'bana ne derler' diye düşünür.

Ve bacımızın gözleri önünde şöyle bir tablo canlanır:

İşlediğimiz günahları en yakın arkadaşımıza anlatarak paylaşırız. Anlatmamak, en doğru olanı...

BİR BAYAN NİÇİN ÖRTÜNMEK İSTEMEZ?

Şeytan, kapanacağını hayal eden bayana, hayali bir senaryo çizerek, bayanın arkadaşlarını konuşturur. Şeytan hiç şu şu konuşmaları yaptırır mıydı?:
- 'Başörtü ne kadar da yakışmış!'
- 'Nasıl karar verdin kapanmaya?'
- 'Bence hiç çıkarma!'
- 'Hadi, duygularını bize de anlat. Olur ki biz de doğruları bulabiliriz!'

Bir yandan başörtü nasihatı, diğer yandan arkadaşlarının alaya alan konuşmaları. Bacımız şunu unutuyor:
'Nasihat eden bacımız canlı canlı konuşuyor, arkadaşları ise şeytan tarafından konuşturuluyor. Yani kandırmaca niyetli bir hayali konuşma...'

Nasihat devam eder, bacımız kararlı kararlı dinlerken, bacımızın pürdikkat dinlediğini gören şeytan, tiyatronun 2. perdesini oynatır.

Bu kez arkadaşlarını şöyle konuşturur:

Hayatını kararttığının farkında mısın?

Artık ne sinemaya gider, ne de partilere katılırsın!

Biz eğlenirken sen dört duvar arasında kısmetini beklersin!

Tekrar Açılırım Düşüncesiyle Kapanmıyorum

İlk alaya alma konuşmaları pek de etkili olmayabilirdi. Ama tiyatronun ikinci perdesinin narkoz etkisi oldukça fazla:

Bir yandan nasihat eden bacımızı dinlerken, diğer yandan başörtüsüyle arasına engelleri tek tek koyarak şöyle bir kıyas yapmaya başlar.

Kapanırsam

1- Yıllardır sırlarımı paylaştığım arkadaşlarımdan uzaklaşacağım.

2- Özel zevklerimden mahrum kalacağım.

3- Sinema ve partilere gidemeyeceğim.

4- 'Çok güzelsin' sözünü işitemeyeceğim.

5- Erkeklerle çıkamayacağım.

6- Gençliğimi yaşayamayacağım.

Kapanmazsam

1- Çevre değişikliği zorluğunu yaşamayacağım.

2- Gençliğimi doyasıya yaşayacağım.

3- Flörtün zevkini tadacağım.

4- Sinema, parti, geziler hayatımın en önemli parçaları. Onlardan mahrum kalmayacağım.

5- Güzel sözler işiteceğim.

Şeytanın da yardımıyla, nasihat eden bacımızın doğru anlatımları birden negatife dönüşerek;

-'Zevkten, tamamen mahrum bir hayat' teklifi olarak algılayacak. İşte o an karar anıdır.

BİR BAYAN NİÇİN ÖRTÜNMEK İSTEMEZ?

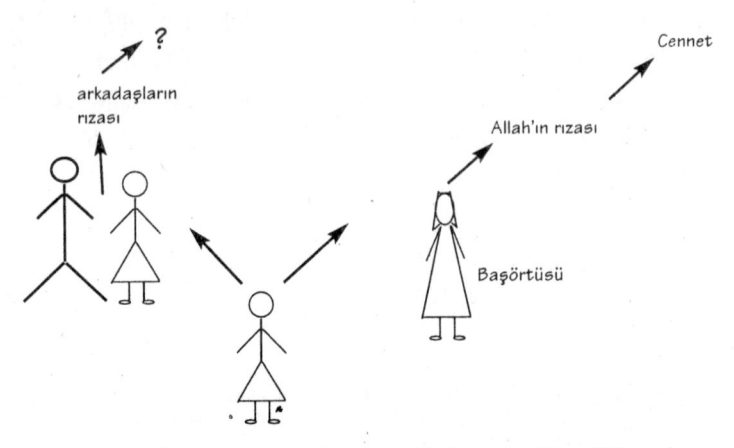

[Şekil: arkadaşların rızası, Allah'ın rızası, Cennet, Başörtüsü]

- 'Acaba hangisini tercih etsem?' diyecek. Şimdilik noktayı koyalım, tekrar devam edeceğiz.

Diyorum ki, başörtüsü için karar anında, bir bayanın başörtüsünü tercih etmesi için;

1- Daha cazip bir teklifte bulunulması lazım.

2- Başı açık bir hayatın hem dünyada hem de ahiretteki karşılığının anlatılması lazım.

3- İnsanın başıboş yaratılmadığının anlatılması lazım.

4- Bazı şeylerin neden cazip kılındığının anlatılması lazım.

5- Allahu Teala'nın, neden bir insanın özel zevkine müdahale edip yasaklamak istediğinin anlatılması lazım.

6- Alternatif bir ortamın sunulması lazım.

Başörtüyü tercih eden bir bayan, çevresinden kolay kolay kopamayacaktır. Aksi halde doku uyuşmazlığı olacak ve yeni problemler başlayacaktır. Başörtüyü tercih eden bir bayan, eski arkadaşlarıyla her ortamda karşılaşamayacak kuşkusuz. Artık farklı zamanlarda ve mekanlarda tevafuken karşılaşılacak.

Başörtülü arkadaş çevresi.

Tekrar Açılırım Düşüncesiyle Kapanmıyorum

Kararlı bir şekilde kapanan bir bacı, eski arkadaşıyla karşılaştığında,

- 'Önceden ben de bilmiyordum. Belki de ben de başörtüyle / başörtülülerle dalga geçiyordum. Ama yanılmışım. Şimdi bu arkadaşım da önceki duygularımı taşıyabilir', deyip durum değişikliğini çok sakin ve yumuşak bir dil ile, hiç de göründüğü gibi insanın özgürlüklerini kısmadığını anlatır. Başı örtülü bir hayatın dil ve bedenle yapılan birçok sarkıntılıktan koruduğunu ve insanın değer kazandığını anlatır.

Karar aşamasında olup da başörtüsü konusunda tam ikna olamamış bir bayan arkadaşlarıma nasıl izah edebilirim ki diyecek ve tekrar açılabilirim korkusuyla kapanmayı düşünmeyenler kulübüne üyeliğini yineleyecek.

Derim ki,

- 'Ya, başörtüsü'nün gerekliliğini yanlış anlattınız, ya da başörtülü bir hayatın dünyadayken bile cazip yönlerini ve özgürlük alanlarını anlatmadınız.'

Yoksa neden eski hayatına devam etmeyi düşünsün ki?

Karar aşamasında olan bacılarımıza derim ki;

- 'Evet, haklısınız! Arkadaş çevresine kapandığınızı ya da kapanacağınızı izah etmek çok zor. Kolay olmadığını biliyorum; ama üstesinden gelebilirsiniz. Bazı arkadaşlarım namaza başlama aşamasında bir dönem arkadaş çevresine nasıl izah ederim diye düşünmüş ve bayağı ertelemiş. İnanıyorum ki, sonra da;

- 'Ya, neden bunlarla (arkadaşlarıyla) beraberken, namazı terk ediyorum da, olmadıklarında aksatmamaya çalışıyorum? Neden çekiniyorum ki? diye düşünmüş. Tam o aşamada arkadaşımla şeytan arasında kanaatimce şöyle bir diyalog yaşanmış:

- 'Sen zamanında arkadaşlarınla beraber günahlar işledin.

BİR BAYAN NİÇİN ÖRTÜNMEK İSTEMEZ?

Onlarla beraber her konuda muhabbetleriniz oldu. Sen istediğin kadar namazını kıl! Demezler mi adama,

- N'oluyoruz?

Vesvesenin şeytan kaynaklı olduğunu hisseden arkadaşımız, arkadaşlarıyla beraberken ezan okunur ve arkadaş camiye gitmek ister. Arkadaşları ilk kez böyle bir şey işitir arkadaşın ağzından. Günlerden de ne cuma, ne ramazan, ne de bayram.

Arkadaşımız gelecek tepkiyi oldukça merak ediyor. Şok bir tepki şeytanı huzursuz ediyor;

- 'Hadi biz de gidelim!'

Oysa ki şeytan, arkadaşımıza film izletirken hiçbir zaman arkadaşlarının ağzından bu cümleyi söyletmedi. Ve arkadaşım;

- 'Onca vakit namazlarımı boşu boşuna kaçırmışım.' dedi.

3- Dini görevlerini yerine getirememe korkusundan

Çok masumca söylenen ve sanki Allah'a karşı yapılan bir saygıdan dolayı söyleniyormuş gibi bir çağrışım yapıyor bana... Yani;

- 'Allah'ım! Senin dinin o kadar hoş, güzel ve hayat dolu ki! Emir, yasak ve tavsiyelerinin tamamı insanların bu dünyadaki mutluluğu için...

İnsanları hava, su, gıda, eş, çocuk, akraba, araba vs. ile rızıklandırıyorsun. Ve insanlardan da haklı olarak bir teşekkür bekliyorsun. Ve sana nasıl minnettar olunacağını da Kur'an ve hadislerle bizlere öğretmişsin. Yapmamız gerekenler arasında başörtüsü kullanmak da var. Ama;

Ben bir defa baştan kaybetmişim! Başımı örtüp de ibadetlerimi aksatmaktansa, örtmemeyi tercih ederim! Hem seni kandırmamış olurum Allah'ım!

Hayatım hatalarla dolu! Sana hatasız bir şekilde ibadet yapılmalı. Ama ben insanım ve nefsime hep yenik düşüyorum.

Tekrar Açılırım Düşüncesiyle Kapanmıyorum

Sana ibadet için söz veririm ama ya sözümde duramazsam? Ben seni kandırmak istemiyorum Allah'ım! Sana yakışır bir insan olamama korkusundan kapanamıyorum!

Kendimce haklıyım! Ya tam yapmalı, ya da yapmamalı! Siyah ya da beyaz... Gri tonlar kandırmaca olur.

İnanıyorum ki, dini görevlerini yerine getirememe korkusundan kapanmayanların gerekçeleri bunlar.

Şeytan nasıl da kandırmış! Bilmiyorlar mı ki başörtülü bir insan hata yapar, günah işler, ibadetlerde aksaklıklar yapabilir.

'Başını örtüyorsan, hatasız olacaksın' mantığı yanlış. Şeytan biliyor ki, her insan hata yapar. Başını örtsen de hata yapmaktan kurtulamayacaksın. Ama şeytanın;

'Başını örtüyorsan ibadetini tam yapacaksın ve hatasız olacaksın' vesvesesine yem olmuş bir bayan, sahaya çıkmadan mağlup olur. Bu şu misale benzer;

'Ringe çık, ama dayak yeme!'

Ringe çıkan her insan az da olsa dayak yer. Eğer bu mantık doğru olsaydı, ringe çıkmamak en doğrusu olurdu.

'Başını ört; ama sıfır hata yap!'

Ne kurnazca söylenen bir söz. Vallahi zehirden de zehir. Şeytan biliyor ki, her insan hata yapar!

Ey! Bu sebepten dolayı örtünmeyen bacım! Başı açık olarak her saniyen günahla geçiyor! Şeytan seni en zayıf ve en masum yerinden yakalamış.

Başını örten bir bayanın melek gibi olması istenmez ve olmaz da! Başı örtülüler de günah işlerler. Kitabımın başına aldığım bir okuyucunun yapmış olduğu bir günah vardı. Zannetmeyin ki kapalıyken yapılan bir günah, affedilmez.

Olur, demiyorum ama bazen nefse yenik düşülüyor ve ertelemelerden bazı ibadetler nasibini alıyor.

BİR BAYAN NİÇİN ÖRTÜNMEK İSTEMEZ?

Allah'ın tevbe kapısına açıklar kadar kapalılar da muhtaçtır.

Ama unutmayın ki, başörtünüz ve örtüyle bütünleşen uzun ve geniş bir elbiseniz sizi bir çok günahlardan uzak tutacaktır. Yani, başörtüsü sizin menfaatinize...

Burada Allah'ın hiçbir menfaati ya da çıkarı yoktur. O, hiçbir şeye ihtiyaç hissetmez.

Zaman geçmeden başörtüsü meselesini tekrar gözden geçirin ve şeytanın oyunları üzerine uzunca düşünün. Unutmayın ki, şeytan sizi sevmiyor ve o halde kalmanızdan yana.

- 8 -
Bazı Özgürlüklerimin Kısıtlanacağı Düşüncesiyle Kapanmak İstemiyorum

İki farklı niyetle söylenen bu sözü, daha çok, çağdaş giyinmeye ve yaşamaya çalışan, özgürlük sınırlarını karıştıran, işlediği günahtan vazgeçmeyi düşünmeyen bir bayanın sığınmaya çalıştığı bir mazeret.

Eğer şöyle denseydi;

'Başörtüsü insanın tüm özgürlüğünü kısıtlar.'

Suçlamanın tek adresi Allah olurdu ki, bu ciddi bir problem.

Ama, başörtüsüne karşı olmayan, fakat fedakarlık yapamayacağı bazı alışkanlıklardan dolayı örtünmeyi düşünmeyen bir bayan sanki şöyle der:

- 'Allah'ım! Başını örtmek isteyen bir bayan;

-Erkeklerle gezmekten, flört yapmaktan,

-Sahillerde (karışık) denize girmekten,

Çağdaş kavramına ileriki sayfalarda değineceğiz. Unutmayalım ki, ormandaki yamyamla aynı çağda yaşıyoruz.

BİR BAYAN NİÇİN ÖRTÜNMEK İSTEMEZ?

-Yalnız dolaşmaktan,
-Güzelliğini yabancılarla paylaşmaktan,
-Erkeklerle aynı ortamda çalışmaktan,
-Partilere katılıp dans etmekten vs. vazgeçmeyi göze almıştır.

Çünkü bu sıraladıklarım başörtüsüyle bağdaşmıyor. Ben birkaçından fedakarlıkta bulunurum, ama erkeklerle muhabbet kurmaktan vazgeçemem ya da güzelliğimi paylaşmaktan vazgeçemem.

İşte bu sebepten kapanmayı düşünmüyorum!

İki düşünce arasında çok ciddi farklar var. İkisini de ayrı başlıklar halinde inceleyelim.

a) Başörtüsü bir bayanın özgürlüğünü kısıtlar düşüncesi

Aslında doğru bir söz. Bir başörtüsü, bir bayanın özgürlüğünü kısıtlar. Ama hangi özgürlüğünü kısıtlar? Hangi şartlarda ve ne kadar bir zaman diliminde kısıtlar?

Başörtüsü, bir bayanın eşiyle başbaşa yemek yeme özgürlüğünü kısıtlamaz, balık tutma özgürlüğünü kısıtlamaz, mağazada alışveriş yapma özgürlüğünü, piknik yapma özgürlüğünü, balkona çamaşır asma özgürlüğünü, dilenciye para verme özgürlüğünü, Tv izleme özgürlüğünü kısıtlamaz...

Başını örtmek isteyen ve ne şekilde örtülmesi gerektiğini bilen bir bayan daha başını örtmeden önce Allah'ın kendisine sınırlarını çizdiği bir özgürlük içinde örtünür ve o örtü, o bayanın özgürlüğünü kısıtlamamış olur.

Üzerinde düşünmemiz gereken ya da failini tespit etmemiz gereken bir konu var:

'Bir bayanın özgürlük sınırını kim ya da kimler belirler? Ya da bir insanın sınırsız özgürlük isteğine engel olunması ne derece doğrudur?'

Evet, sorularımıza mantıklı bir cevap bulabilirsek, başlığımızı önemli ölçüde aydınlatmış oluruz.

1- Özgürlük sınırımı Allah belirler:

Bir bayan, 'Benim özgürlük sınırımı Allah belirler. Çünkü bedenim ve vaktim O'nun. Emaneten verdiği bu bedeni nasıl kullanacağımı kendisi belirler. Haliyle ben razı olduktan sonra başörtüsü, özgürlüğümü kısıtlamamış oluyor.' der.

Diyelim ki başörtüsü bir bayanın çok zevk aldığı özel bir zevkine engel, ne yapmalı?

-Madem ben Allah'ı seviyorum, o zaman iki seçenekten birini tercih ederken, sevdiğimin sözünü dinleyeceğim! Nefsim bana 'aç başörtünü de şu zevki yaşa' der, Allah ise 'beni seviyorsan açma' der, ben de açmam! O anlık özgürlüğümün kısıtlandığını düşünmem bile. O zevkimi helal kanallardan gidermeye çalışırım' der.

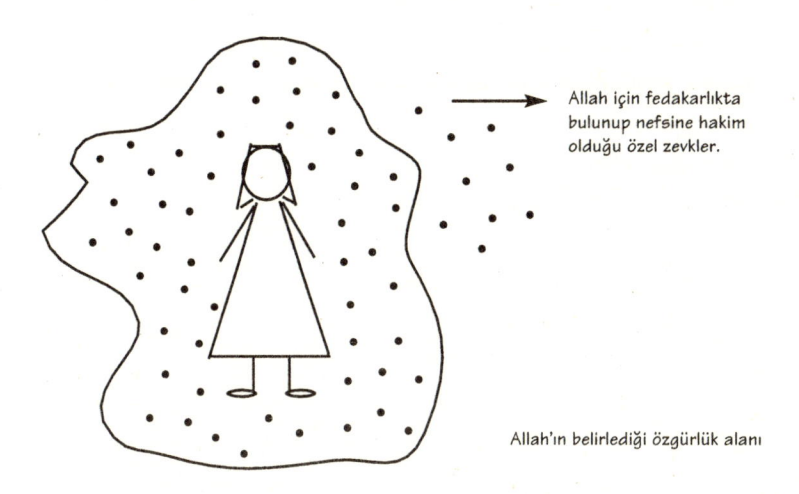

Allah için fedakarlıkta bulunup nefsine hakim olduğu özel zevkler.

Allah'ın belirlediği özgürlük alanı

BİR BAYAN NİÇİN ÖRTÜNMEK İSTEMEZ?

2- Özgürlük sınırımı eşim belirler:

Böyle düşünen bir bayan, farkında olmadan bedeni ve hayatı üzerinde tek söz sahibi olan Allah'ın elinden tasarruf yetkisini alır ve eşine devreder. Sanki beden ve yirmi dört saatinin sahibi o. Artık o nederse o olacak.

Aslında Allahu Teala bazı sınırlar dahilinde erkeğin kadını üzerinde özgürlüğüne müdahale yetkisi vermiştir. Neden? Çünkü erkeğin eşi üzerinde hatırı sayılır hakları vardır. Başı açık olan bir bayanın eşi;

-'Mini etek giymeni istemiyorum' dediğinde, o bayanın,

-'Kusuruma bakma ama sen karışamazsın!' mı diyecek. Ya eşinin sevgisi ağır basacak ve o zevkini terk edecek, ya ikna etmeye çalışacak ya da iç huzursuzluklar yaşanacak.

Ben kapanmak istesem bile, buna eşim karar verir diyen bir bayan iyiniyetli gibi, ya da aman aman masummuş gibi görünse bile Allah'ın insan (kendisi) üzerindeki tasarruf yetkisini eşine vermiş oluyor. Yani eşini Allah yerine koyuyor.

Hadi diyelim, eşi;

- 'Kapanmanı istiyorum' dedi. Ne yapacaksınız?

Allahu Teala kapanın diyor, siz kapanmıyorsunuz, eşiniz kapanın deyince, 'peki' diyorsunuz. Eşinize olan sevgi ve saygınız Allah'a olan sevgiden fazla olmuş oldu. İşte Allahu Teala bu durumu haklı olarak sevmiyor.

Bir de tersini düşünelim:

Siz kapalısınız ama eşiniz bazı yerlerde başınızın açılmasını istiyor. Ne yaparsınız?

'Ne derse yaparım' mı diyeceksiniz? O zaman neden kapanmıyorsunuz?

Bazı Özgürlüklerimin Kısıtlanacağı Düşüncesiyle Kapanmak İstemiycrum

3- Özgürlük sınırımı annem-babam belirler:

Anne ve babanın evlatları üzerinde ciddi bir hakları vardır. Ve evlatlar onların sözleri dışına çıkmamakla yükümlüler. Anne ve babalar evlatlarına karşı çok merhametlidirler. Onların kılına bile zarar gelmesini istemezler. 'Hep mutlu olsunlar, ama daha gençler' derler.

Gün gelir gençler kapanmak, namaza başlamak, kitap okumak isterler. Anne ve baba evlatları gibi düşünmüyorsa, kıyamet kopar. Ve evlatları psikolojik bir baskı altına alarak,

-'Üzerinizde haklarım var!' diyerek gözlerini korkutmak isteyeceklerdir. Dikkat ederseniz, hayatları normal seyrinde devam ederken problem yoktu. Ne zamanki farklı bir kimlik tercihiyle karşılaşıldı, anne ve baba tarafından, çocukların unuttuğu bir gerçek hatırlatıldı:

-'Üzerinizde haklarımız var!'

İşte Allahu Teala da aynı 'Üzerinizde hakkım var!' diyor.

Allahu Teala anne ve babaya evlatları üzerinde bazı haklar vermiş ama kendi sınırlarına dokunarak değil.

Yani bir anne ve baba, evladının bazı özgürlüklerini sınırlayabilir! Mesela, sinemaya gitmelerine izin vermeyebilir. Velev ki, film İslami de olsa!

Ama Allah'ın helal kıldığını yasaklayıp haram kıldığına da serbestsiniz diyemez! Öyle bir yetkileri yoktur. Allah, kendilerine o serbestiyeti vermemiştir. Bakalım;

"Ey iman edenler! Eğer küfrü imana tercih ediyorlarsa, babalarınızı ve kardeşlerinizi (bile) veli edinmeyin. Sizden kim onları dost edinirse, işte onlar zalimlerin kendileridir" (Tevbe, 23).

Demek ki Allah'ın çizdiği sınıra kimsenin müdahale hakkı yok! Velev ki anne-babanız dahi olsa.

Anne ve baba, evlatlarının kötülüğünü istemiyor; sanki Al-

BİR BAYAN NİÇİN ÖRTÜNMEK İSTEMEZ?

lah istiyor! Yok böyle bir şey!

4- Özgürlük sınırımı devletim belirler:

Yani okul ve kamu işlerinde söz hakkı devletimin! Aç derse açarım, kapa derse kapanırım. Günahı da, vebali de, sevabı da kendilerinin!

Madem topraklarında yaşıyoruz, madem bizler için öğretmenlerini seferber etmiş, madem çalışmamız için kamu alanları oluşturup, emekli olunca maaşa bağlayacaklar, o zaman onların üzerimizde birtakım hakları olmalı!..

Madem hükümetimizi kendi ellerimizle seçtik, o zaman kararlarına saygı duyacağız.

Yani devletin, '10 yıl (okul) ile 20-25 yıl (devlet dairesinde görev) başını açacaksınız' talebini normal karşılayacaksınız. Gerçekten böyle düşünülüyorsa, başka bir şey diyemem. Kendileri, Allah'ın bazı yetkilerini hükümetine vermiş ve hükümetini Allah yerine koymuştur.

5- Özgürlük sınırımı patronum belirler:

Aslında doğru bir söz. Bir işyeri sahibi, çalışacak elemanlardan hem bazı vasıflar ister, hem de bir iş disiplininden bahsederek bazı şartlar sunar. Sunduğu şartlar bazı adayların bazı özgürlüklerini sınırlayabilir. Mesela her saat bir sigara içen bir insan aynı özgürlüğü çalışacağı o işyerinde bulamaz. Haliyle işyeri sahibi o şahsın sigara özgürlüğünü kısıtlamış olur.

Amma! 'İşyerinde başörtü istemiyorum' diyebilir mi bir patron?

-'Evet, diyebilir!' Öyle bir özgürlüğü var. Ama başörtülü bir bayan;

-'Valla ne yapayım? Rızkımı düşünmek zorundayım, ekmek patronun elinde!' diyebilir mi?

Cevap: Allah'ın, insanların rızıklarını üstlendiğini, patronla-

Bazı Özgürlüklerimin Kısıtlanacağı Düşüncesiyle Kapanmak İstemiyorum

rın dahi rızkını Allah'ın verdiğini unutuyorsa, ya da bilmiyorsa, der ve iş için başını açar.

Ve bacımız da belki de bilmeden Allah'ın rezzak sıfatını patronuna devretmiş olacak. Ne büyük yanlış!

- 9 -
Kapanmak Önemli Değil, Önemli Olan Kalbinin Temizliği

Bana pek de inandırıcı gelmeyen, elle tutulur bir yanı olmayan, izah etmekte zorlanacağım bir mazeret. Bir yandan başörtüsünü gereksiz ve teferruat olarak gör, diğer yandan teftiş etme hakkını kimseye vermeden, kalbinin temiz olması yeterlidir de! Avukat da kendileri, hakim de...

Kalp temizliği deyince, nedense aklıma *'niyet temizliği'* geliyor.

Yani niyetin iyi olduktan sonra, kötülük düşünmedikten sonra, kimsenin malında, namusunda gözün olmadıktan sonra, insanların hep iyiliğini düşündükten sonra, kalbini temiz tutuyorsun demektir. Doğru anlamışsam, devam ediyorum;

Böyle düşünen insanları, bakın Allahu Teala kitabında nasıl anlatmış:

"... Nefsini kötülüklerden arındıran kurtuluşa ermiş, onu kötülüklere gömen de ziyan etmiştir." (Şems, 10).

Şuna da inanmıyor değilim: 'Nefis mutlaka kötülüğü emreder.' Zannedersem şu soruyu sorma zamanı geldi:

BİR BAYAN NİÇİN ÖRTÜNMEK İSTEMEZ?

Ey! Kalbi temiz olduğu için kapanmayı düşünmeyen bacım! Kötülüğü emreden nefsini nasıl sakinleştirerek kalbini temiz kıldın? Nedir bunun formülü?

İşin ilginç yanı, hapishaneler kalbim temiz diyenlerle dolu. Hangi hırsız kalbim kirli der? Ya da hangi hayat kadını kalbim kirli der?

Olayı daha iyi kavramak için bir anlık empati yaparak kendimizi hakim karşısında hesap veren bir hırsızın yerine koyalım. Hakim soruyor:

- 'Neden hırsızlık yaptın?'
- 'Hakim Bey! Aslında ben iyi bir insanım. Bugüne kadar hiçbir sabıkam ya da kötülüğüm olmadı. İhtiyacım vardı ve hırsızlık yaptım. Yani niyetim iyi, amelim iyi değil.

Başka bir hırsız, hakim karşısında ve aynı soru:
- 'Neden hırsızlık yaptın?'
- Ben de iyi bir insanım. İhtiyaçtan oldu hakim bey!

Haydi ayıklayın pirincin taşını!

İkinci hırsız belki de şehrin en tecrübeli hırsızı...

İnanın ki bugüne kadar kalbim kirli, benden uzaklaşın, bana yaklaşmayın diyen hiçbir insana rastlamadım.

'Kalbim temiz, niye kapanayım ki?' diyen bir insan, sanki, başörtüsü kalbi temiz olmayanlar içindir, diyormuş gibime geliyor! Yanılıyor muyum yoksa?

İlginçtir, kalbinin temizliğine sığınanların bir çoğu ortak özelliklere sahip.

- Kitap okumazlar
- Dizileri kaçırmazlar
- Magazin gazeteleri okurlar
- Düzenledikleri 'gün'leri aksatmazlar
- Genel kültür düzeyleri oldukça düşüktür

Kapanmak Önemli Değil, Önemli Olan Kalbinin Temizliği

- Nasihat dinlemeyi sevmezler
- Ahiret endişeleri yoktur
- Tartışmaya girmezler
- Hallerinden oldukça da memnundurlar

Az önce de dedim ya, izah etmekte zorlanacağım bir mazeret...

Sahi, kapandıklarında acaba kapleri mi kirleniyor? Eğer 'kirlenmez' diyorlarsa o zaman neden kapanmıyorlar?

Ben kalp temizliği mazeretinin altında yatan mazeretlere ulaşmak istiyorum. Kalp temizliği pek inandırıcı gelmiyor doğrusu. Acaba şeytan nasıl yaklaşmış bunlara? Bu mazeret mikrobunu nasıl bulaştırmış?

Bir insanın niyeti iyi olabilir! Ama o iyiniyeti karşıdakine izah edemeyebilir! Sizin iyiniyetinizi suiistimal edebilirler. İyiniyetli bir bayana sarkıntılık eden bir sapık, aslında kötü niyetli olmadığını; fakat iyiniyetli (kalbi temiz) olan kızın güzelliğine dayanamadığını söylemiş olsa, acaba tecavüzzede olan bayan, o sapığın kalp temizliğine ne kadar inanır!

Öyle ya; tecavüz et, sonra da kalbim temizdir de, işin içinden sıyrıl! Yok böyle bir şey!

İşin en zor kısmına geliyorum;

Örtünmeyen bir bayan, neden kalbim temiz der?

Şuna yüzde yüz inanmalıyız ki, bu mikrobu şeytan aşıladı. Peki nasıl inandırdı? Her yaştan ve kültürden inananlar var! Bu mikrobun kaynağına mutlaka ulaşılmalı.

Aylar önce bir kişisel gelişim kitabında bir yazı okumuştum. Konumuzla yüzde yüz alakalı olduğu için anlatma ihtiyacı hissettim.

Bir fabrika satış müdürü müşterisiyle birlikte fabrika içinde geziyorlar. Yerdeki yağ birikintisi müşterinin gözünden kaçmı-

BİR BAYAN NİÇİN ÖRTÜNMEK İSTEMEZ?

yor ve müdüre:

- 'Bu yağ da ne böyle?' diyor. Müdür, bir şefi çağırarak temizlemesini söylüyor ve şef de temizlemeye başlıyor. Şef, yerdeki yağı temizlerken müşteri, müdüre:

-'Şefe sor bakalım, bu yağ nereden geldi?'

Müdür şefe sorar. Şef:

-'Yukarıdaki borudan damlamış sayın müdürüm!' der.

Müşteri, müdüre;

- 'Sor bakalım, borudan neden damlamış?'

Müdür şefe sorar ve şef:

- 'Conta zayıf, o yüzden' der. Bu kez müdür:

- 'Çabuk contayı değiştir' der. Müşteri müdüre tekrar sorar:

- 'Sor bakalım, conta neden zayıf?'

Müdür de şefe sorar. Şef:

- 'Satın alma müdürümüz ucuz olsun diye ikinci kalite conta aldı. O yüzden...

Müdür, birinci kalite conta alır ve bir daha da yağ damlamaz.

Demek ki yerdeki yağ birikintisini temizlemek sorunu çözmüyor. Müşteri problemin üzerine gitti ve problemin asıl kaynağına ulaştı.

Bizler de bu misalden hareketle salgın bir hastalık olan kalp temizliği virüsünün kaynağına ulaşmaya çalışalım.

'Kalbim temiz, o yüzden kapanmıyorum' diyen bir bayanın başörtüye karşı olmadığını, ancak kendilerine haklı gerekçeleri olduğunu anlayabiliriz. Madem karşı değiller, o zaman Allah'ın bir emri olduğuna inanıyorlar. Allah emrediyor, bunlar rahat bir şekilde mazeretler uyduruyorlar. Sanki şeytan bunları Allah ile kandırmış. Yani öyle bir Allah inancı şırıngalamış ki, işlediği günahlardan yüzleri kızarmıyor. Oldukça rahatlar.

Kapanmak Önemli Değil, Önemli Olan Kalbinin Temizliği

İşte bu rahatlık benim canımı sıkıyor. Kalp temizliği mazeretini hiç sevemedim. Bunların rahatlığını anlayabilmek için şu misali verelim:

Az önce yemekten kalkmış bir insana en sevdiği yemeği masasına tekrar koysan, yemek ister mi? Rahat bir şekilde reddeder. Çünkü yemek ihtiyacını gidermiş.

Zannedersem şeytan kalbi temizzedeleri Allah inancıyla kandırmış. Başka bir sebep bulamıyorum.

Yani şeytan bunlara şu vesveseyi fısıldamış;

- 'Allah, sizlerin amellerinizi dikkate almaz. Sadece kalbinize bakar. Eğer kalbinizde, diğer insanlara karşı bir art niyet beslerseniz, ya da doğaya ve diğer canlılara maddi ya da manevi bir zarar verirseniz, sizi affetmez!

Yani iyiniyetinizi muhafaza ettikten sonra istediğiniz gibi yaşayın!

Mükemmel bir teklif! Bu tarafta istediğin gibi yaşa, diğer tarafta krallar gibi karşılan!

Yapacağın tek şey, iyiniyetini muhafaza etmek, o kadar.

Pekala, bu teklif (virüs) hangi vasıflı insanlar tarafından kabul edilebilir? Yani bu virüsü kapacak bir bünye lazım.

Az önce de dediğimiz gibi, araştırma yapacak kapasitede olmayan insanlar, Kur'an'dan uzak kalmış, televolelerin etkisinde kalmış, sadece ramazan ayında takvim yaprağındaki bilgilerle ayakta kalan insanlar için vazgeçilmez bir teklif. Ve çarçabuk kabul görür.

Artık minare de hazır, kılıf da...

Yemin edeyim, gerçekten de sadece kalp temizliği yeterli olsaydı, ben bu kitabı yazmazdım. Uzun lafın kısası, şeytan kalp temizliğini bahane yaparak örtünmek istemeyen bir bayanı Allah ile kandırmış!

Peki ne yapmalı? Kalp temizliğini bahane eden bir bayana

BİR BAYAN NİÇİN ÖRTÜNMEK İSTEMEZ?

şunları tavsiye ederim:

1- Allah'ı tanımaya çalışın. Bunun için basılmış ne kadar Esma-ül Hüsna kitabı varsa, imkanlarınız dahilinde alın.

2- Allah, insanı niçin yarattı ve insanlardan ne bekliyor? sorusuna cevap bulmaya çalışın.

3- Allah, niçin başörtüsünü emrediyor? Ve başörtüsünün ne tür kötülüklerden muhafaza ettiğini düşünün.

4- Dünyanın boş bir eğlenceden ibaret olduğunu ve asıl güzel ve sınırsız özgürlüklerin ahirette olduğunu unutmayın.

5- Kur'an meali ve ilmihal kitaplarından en az bir tane evinizde bulundurun.

6- Şeytanın tuzaklarını okuyun.

7- Çok kitap okuyun.

8- Zamanınızı çalan hırsızları (TV, geyik muhabbeti vs.) tespit ederek, çalınan zamanlarınıza kavuşun.

9- Allah'ın emir ve yasaklarını birebir inceleyin.

10- Allah'ı sevmeye ve ona dost olmaya çalışın.

11- Başörtülülere neden örtündüklerini ve nasıl kapandıklarını, önceden neden kapanmadıklarını sorun.

12- Başörtülü bir hayatın getirisiyle başı açık bir hayatın getirisini kıyaslayın.

13- Bir gün de olsa kapalı bir şekilde dışarı çıkın ve o anı yaşayın.

- 10 -
Evlenince Kapanırım.
'Kızım, Evlenince Kapan!'

Bekar olup da kapanmak istemeyenlerin sığındıkları bir mazeret. Bunlarda da erteleme hastalığı var. Bunlar da son tarihi belli olmayan bir günaha razı olmuşlar. Günahı şimdi işliyorlar, tevbeyi evlenince yapacaklar!

Yemin edeyim, şeytan bile gülüyordur!

Hiç düşünmüyorlar mı, ya evlenemezlerse, ya düğün günü ölürlerse, ya evleneceği eşi başörtü istemezse?[1] Yine düşünmüyorlar mı, evleneceği bir bayandan başörtü arayan bir damat adayı başı açık olan birine talip olur mu?[2]

Evlenince 'kapanırım' diyen bir bayan, başörtüsünü Allah'ın emri değil de bir gelenekmiş gibi algılıyor gibime geliyor. Yani memleketlerinde hep öyle olmuştur. Evlilik çağına gelen bir bayan, başörtüsüne kavuşmak için düğün gününü bekler. O yörenin adetidir bu!

---
[1] Neden istesin ki, görüşme esnasında başı açıktı.
[2] Çok nadir de olsa tek tük işittik.

BİR BAYAN NİÇİN ÖRTÜNMEK İSTEMEZ?

Önce gelinlik, sonra örtü... Ya da ne zaman gelinlik, sonra başörtüsü!

'Ey! Çeyizinde işlemeli bez içinde Kur'an bulunan bacım!' Aç Kur'an'ı ve bak Nur-31'e... 'Evlenince kapanın' ilahi uyarısı var mı?

Ya da neden evlenince kapanacağım diyorsunuz, nişanlanınca deyin, sözlenince deyin, istemeye gelenler olunca deyin... Ya da evlilik çağına gelince kapanacağım deyin... Hem işleyeceğiniz günahı da minimuma indirmiş olursunuz...

Hem neden evlenince? Zaten evlenince gününüzün büyük bir kısmı evinizde geçecek. Eğer kapanmak istemenizdeki amaç, erkeklerin iyi ya da kötü bakışlarından korunmaksa, bekarken daha çok dışarıda olacaksınız ve daha çok rahatsız edileceksiniz.

Üzülerek söylüyorum ki, evlenince kapanırım diyen bir bayan ibadetleri erteleme virüsünü taşıyor.

Nadir de olsa cami avlusunda tabutuna duvak konan cenazelere de şahit oldum. Yani ertelediği güne kavuşmadan ölmüş. Artık ne anlarsanız!

. 'Kızım evlenince kapan!'

Bu kez örtünme isteği bir bayandan, erteleme teklifi bir anne ya da babadan. Eğer bir ebeveyn ileri bir tarih de olsa kapanma izni veriyorsa, başörtüye karşı gelmiyor anlamı çıkmaz.

Sormazlar mı o anne-babaya; -'Kızınızın evlendikten sonra başını örtüp örtmeyeceğine siz mi karar vereceksiniz?

Biri kapalı, diğeri açık iki kıza sahip olan bir anne-babayı düşünüyorum da; kızının kapalı olması, neden kendilerini rahatsız ediyor ? Günün büyük bir kısmını dışarıda geçiren bir baba neden başörtülü kızından rahatsız oluyor?

Kardeşler arasında problem çıkmamasına rağmen neden

.Evlenince Kapanırım. 'Kızım Evlenince Kapan!'

anne ve babayı bir başörtüsü rahatsız eder? Hemen bir başlık atalım:

Bir baba başörtülü kızından neden rahatsız olur?

Başörtüyü herhangi bir sebepten sevmeyen bir baba, başörtülü kızının her hareketini eleştirir. Sevemez... Ağzıyla kuş da tutsa gönlünü alamaz babasının.

Eğer başörtülü bir kız, babasının başörtüsüne müdahalesini küfürle karşılayıp babasını tekfir ediyorsa, o evde din savaşı var demektir. Bacımızın, babasına hep tebessümle yaklaşmasına rağmen, dünyevi isteklerine karşı gelmeden itaat etmesine rağmen, bir baba hâlâ kızına kaşlarını çatıyorsa, o babayı mercek altına almalıyız. Kanaatimce;

a) Başörtülü kızını gören bir baba dini sorumluluklarını yerine getirmediğini hatırlayacak!..

Eski eşini ya da en nefret ettiği bir yakınını hatırlamak istemeyen bir insan, o şahsa ait ne varsa hepsini evinden ya da işyerinden uzaklaştırmak ister. Unutulan bir eşya o kişiyi hatırlatacağından, onun da atılmasını ister. Bu örnek misali, iş arkadaşı ya da komşulardan herhangi birinin dinden bahsetmesi ya da dini bir mevzuyu tartışmasının devamıymış gibi bir çağrışım yaptırabilir evdeki kızı.

Ve zihninde şöyle bir diyalog yaşanır:

Arkadaşları: 'Bizim gibi düşünmüyorsun ama evdeki kızına bile sahip çıkamamışsın!' Oysa ki tartıştığı arkadaşları öyle demezler.

Evdeki baba ne yapacak? Kızını her görüşte aklında o diyaloglar canlanacak ve bir şekilde başörtüsüne müdahale edecek.

Evde bulunan herhangi bir İslami motif canının sıkılması için yeterli bir sebeptir.

BİR BAYAN NİÇİN ÖRTÜNMEK İSTEMEZ?

b) Kızının evlenemeyeceği korkusundan

İş, komşu ve yakın akrabalarında namazına ve dini vecibelere dikkat eden kimselerin çok az olması, kızının taliplerinin de az olması demek olarak algılayacağından oldukça huzursuz olur. Yakın çevresi neden istemeye gelsinler ki? Başörtülü bir kızı hangi yakını kabul edecek ki?

Dar düşünen bir baba, kurnazca bir taktikle;

- 'Evleninceye kadar başını kapama, sonra istediğin an ve istediğin şekilde kapan' diyecektir. Böylelikle kızının da kaderini kolaylaştırmış olacak. Ne mantık ya!

- 11 -
Güzelliğimi Sergilemek İstediğimden Dolayı Kapanmamıştım

۶۶۶

Sonradan kapandığını mesaj yolu ile ileten Aydınlı bir okuyucumuza; 'önceden hangi sebepten kapanmadınız ?' diye bir mesaj attım. Şu mesaj geldi:

"Liseden beri örtünmeyi istiyordum. Ailem istemedi. Sonra da güzelliğimin kurbanı oldum, dinimden çok uzaklaştım."

Gerçekten de bir bayanın dikkat çeken bir güzelliğe sahip olması hem kendisi için, hem de çevresindekiler için ciddi bir sınav sorusu. Hem de yıllar süren bir sınav.

Fizik olarak güzel yaratılmış bir bayan, ta çocukluğundan başlayarak sevgi ve övgü cümleleri işittiğinden güzel söz işitmeye alışmıştır. Hele de kendi sınıfı, okulu ya da mahallesi tarafından adından bahsedilmesi ya da diğer erkeklerin sevgi sözleri ve bakışları o bayanı daha da mutlu kılar.

Oysa bilmez ki güzelliğinde ne kendisinin, ne de anne-babasının katkısı var! Allah'ın sanatını sergilediğinden haberi bile olmaz!

Allahu Teala insanları değişik şekillerde sınar. Kimini fizik

BİR BAYAN NİÇİN ÖRTÜNMEK İSTEMEZ?

olarak güzel yaratır, kimini çirkin. Kimine güzel bir ses verir, kimine kaba... Kimini çok uzun boylu yaratır, kimini vasat, kimini de kısa.

Çirkin yaratılmış[1] bir bayan ayna karşısına geçtiğinde kendi çirkinliğini göremez. Bir şekilde güzel olduğunu sanır. Oysa ki, çevresi pek de aynı fikirde değildir. Hem kendisine bakanı az olur, hem laf atanı az olur, hem de kendisiyle çıkmak için teklif eden sayısı çok az olur.

Meseleye bu açıdan bakıldığında, çirkinlik avantaja dönüşür. Yani daha az rahatsız edileceksin. Bunu çirkin bir bayana anlatamayabilirsiniz. Daha da güzelleşmek uğruna kozmetik firmalarını zengin edinceye kadar kuaförden çıkmaz[2]. Burada durup şu soruya cevap bulalım:

'Bir bayan neden güzel söz işitmek ister?'

Her insan güzel söz işitmek ister; ama bu erkekler için o kadar da aman aman bir mesele değildir!

Bayanlar için durum farklı tabii. Bence bir bayanı erkekten ayıran vasıflardan biri de güzel söz işitmeye ihtiyaç hissetmeleridir. Yeni evli bir arkadaşım tatil için eşini İzmir'e teyzelerine göndermiş ve ayrılıktan üç gün sonra telefonda 'canım' kelimesini kullanmış. Eşi, yirmi gün boyunca o kelimenin hayalini kurmuş[3]. Eşime ve ablama sordum, böyle bir şey mümkün mü diye? İlginçtir, 'evet' dediler.

Düşünüyorum da, sanki Allah, bayanların yapısına güzel söz işitme, beğenilme duygusunu programlamış. Haliyle güzel

---

[1] Bir insanın çirkin yaratılmış olması, Allah'ın yaratıcı sıfatına halel getirmez. O, dilediğini dilediği şekilde yaratır. Eğer Allahu Teala fizik olarak herkesi güzel yaratsaydı, inkarcılar şöyle derlerdi: 'Onun gücü zıddını yaratmaya yetmez!' (Haşa)

[2] Her kuaföre giden çirkin demiyoruz. Ama o zaman niye gidiyorlar?

[3] 20 gün boyunca hiçmi arayıp başka sözler söylemedin diye sormadım.

Güzelliğimi Sergilemek İstediğimden Dolayı Kapanmamıştım

bir sözü bir yemek, bir su gibi ihtiyaç hissediyorlar.

İşte asıl problem bundan sonra yaşanıyor.

Bir bayanın güzel söz işitmesi, beğenilmesi onu çok mutlu edecek ve bunun programlayıcısı Allah olacak, hem de o bayanın o zevkten mahrum edilmesi istenecek.

Düşünüyorum da güzel bir bayanın yabancı bir erkekten güzel sözler işitmesi, iltifatlarda bulunulması, o bayana mutluluk verirken, aynı şekilde erkekler de göz zevkini almış oluyorlar. Böyle bir durumda alan razı, veren razı... Peki neden Allah iki tarafın da mutlu olmasını istemez?

Bu sorumuza şimdilik dokunmayalım. Fizik olarak güzel bir bayanı ne tür tehlikelerin beklediğine biraz değinelim.

Fiziksel olarak güzel yaratılmış bir bayanı bekleyen tehlikeler

Zengin olan bir insanın mal varlığı ve bankadaki parası nasıl kendini mutlu ediyorsa, bilinmelidir ki, çevresindeki kalbi temiz hırsızların da iştahlarını aynı şekilde kabartır.

Bir yandan hırsızlara karşı önlem alacak, diğer yandan borç istemeye gelenleri nasıl geri çeviririm diye düşünecek, diğer yandan servetine nazar değmemesi için sağa sola nazar boncukları takacak.

Hiçbir zengin, bir okul ya da dersane açıp hırsızları eğitmek istemeyecektir. Hırsızların alınlarında, ben hırsızım da yazmıyor. Hırsızlara malını kaptırmak korkusuyla kimse zengin olmak istememezlik de yapmaz.

Malı çalınan bir şahıs, hırsızdan önce kendi tedbirsizliğine kızar. Hırsızdır bu. Senin en gaflet anın, onun gözünden kaçmaz. Haliyle sana düşen tedbirdir.

Bir bayanın güzelliğiyle, bir zenginin sahip olduğu mal varlığının kaderi, ne kadar da birbirlerine benzer!

BİR BAYAN NİÇİN ÖRTÜNMEK İSTEMEZ?

Malını hırsızlardan korumak için önlemler alan bir zengin, güvenlik için onlarca para harcarken, güzel bir bayan, güzelliğinin avcılarını daha da tahrik etmek için önlem almaya ihtiyaç hissetmez.

Üstüne üstlük çekici gözükmek için o kuaför senin, bu kuaför benim diyerek dünyanın paralarını harcar. Böylelikle kendi elleriyle ve kendi paralarıyla sapıklara ve sapık adaylarına davetiye çıkarmış olurlar.

Kendilerine bakıp da göz zevkini giderenlerin hep öylece masum masum baktıklarını zanneden güzel bir bayan, halinden oldukça memnundur.

Gün gelir, masum bakışlar arzuya dönüşür ve iyi kalpli olan erkekler artık kötü düşünmeye başlarlar. Fiziksel olarak güzel yaratılan bir bayanın artık hiç şansı kalmaz. Kimi erkeklerin hayalini süsleyen, kimi erkeklerin göz zevkini gideren bayanın bedeninden de faydalanmak isteyenler çıkacaktır kuşkusuz.

Biryandan kendisini sahiplenmek isteyen iki gencin ölümüne kavgaları yaşanırken, diğer yandan tecavüz olayları... Namus cinayetleri ve kaçırılmalar...

Evet, fiziksel olarak güzel yaratılmış bir bayan, geçici bir süre zarfında güzel sözler işitebilir. Ama bu fazla sürmez. Kendisini bekleyen yaşlılık suratını buruşturup saçlarını ağartacak. Derilerini lekeleyecek. Belini kamburlaştıracak. Artık etrafında kimseler kalmayacak.

Uğrunda kavgalar yaptıran, yuvalar yıkan, insanların göz zinasına sebep olan güzellik fitnesi kendisini de yıpratmıştır kuşkusuz.

Cevabını sonraya bıraktığımız sorumuzun cevabına geçebiliriz: Allah, neden her iki tarafın da[1] mutlu olmasını istemez?

---

[1] Güzelliğini sergileyen bir bayanla, bayana güzel sözler söyleyip göz zevkini tatmin eden bir erkek.

Güzelliğimi Sergilemek İstediğimden Dolayı Kapanmamıştım

Dikkat edersek, her iki tarafın mutlu olacağı zaman dilimi çok az. Ama görecekleri zarar oldukça fazla[2]. Allah her iki tarafın mutlu olmasından yana aslında. Güzel yarattığı bayanın, sadece eşinin yanında güzelliğini sergilemesini istiyor. Güzelliği bir 'sır' olarak algılarsak, o bayan o sırrı sadece eşiyle paylaşmalı[3].

Yani yabancı erkeklerle paylaştığı mutluluğu sadece kendi eşiyle paylaşmış olacak. Güzelliğimi, dilediğim insanlarla paylaşırım diyen bir bayan, acaba eşinin başka bir kadına göz ucuyla hafiften bakmasını ya da kendisini aldatmasını nasıl karşılar? Neden başka bir bayanın güzelliğine bakma fırsatı vermez?

Hiçbir bayan;

- 'Benim kalbim temiz. Makyaj da yaparım, seksi de giyinirim. Kimse karışamaz. Karşıdakinin düşüncesinden banane' diyemez.

Bir bayan unutmamalıdır ki, güzelliği de Allah tarafından kendisine emaneten verilmiş[4]. Dileseydi o güzelliği vermezdi. Yine unutmamalıdır ki, Allahu Teala erkeklerin yapısına kadının her halini cazip olarak programlamasaydı, kimse kadının yüzüne dahi bakmazdı.

Yani bir kadının erkeğe sevimli gelmesinde de kadının kişisel bir katkısı yok. Eğer Allah, erkeğin yapısına kadını değil de başka bir canlıyı cazip olarak programlasaydı, o canlıya bakmak ya da dokunmak yasak olurdu.

'Güzelliğimi açığa vurmak istediğimden dolayı kapanmak

---

[2] Yarım saatlik zevk için gayri meşru ilişki içine girdikten sonra ya kürtajla öldürürler, ya da çocuğun doğumu için 9 aylık sıkıntı çekip cami avlusuna bırakır, kaçarlar.

[3] Bekarlar ise evlenene kadar o sırrı yabancı erkeklerden korumalı.

[4] O emaneti sadece evleneceği eşiyle paylaşmalıydı. Ama maalesef emanete hıyanet edenlerin sayısı bir hayli kalabalık

BİR BAYAN NİÇİN ÖRTÜNMEK İSTEMEZ?

istemiyorum diyen bir bayan görünüşte başörtüsüne karşı değil. Sadece çirkin oluncaya kadar, ya da kendisini çirkin hissedinceye kadar başörtüsü takmayı düşünmüyor. Yani başörtüsünü erteleme tarihi kendini çirkin hissedeceği gün. Tabii bu on sene mi olur, 20 sene mi olur, 40 sene mi olur, ona kendisi karar verecek!

Düşünüyorum da, onlarca erkek tarafından güzel söz işitmeye alışmış, kendisinden bahsedilme mutluluğunu tatmış ve erkeklerle bir şekilde çıkmış ya da partilere katılmış bir bayanı hangi teklif bu tür zevklerden alıkor? Terazinin diğer tarafına ne konmalı ki doğru bir kıyasla yapılan hataların adı konsun.

Ey güzelliğinin esiri olan bacım! Bil ki Allah seni çok sevdiğinden güzel yaratmamış. Ve güzelliğini yabancı erkeklerle paylaşabilme serbestiyetini de vermemiş. Güzel sözler işitmenin nefse çok hoş geldiğini inkar etmiyorum. Ve Allah, güzel sözler işitmek istemenize kızmıyor! Sadece o sözleri eşinden ve sana haram olmayanlardan işitmeni istiyor.

Güzelliğini diğer erkeklerle paylaşan bir bayan, sanki insanlara hangi cebinde ne kadar para olduğunu ve bankadaki birikimini bağıra bağıra söylemiş gibi olur.

Cebiniz, nasıl ki değer verdiğiniz parayı hırsızlardan gizliyor, örteceğiniz başörtü de paranızdan daha değerli olan iffetinizi, namusunuzu gizliyor! Elbetteki sadece kem gözlerden sakınmak için örtünülmez. Unutmayın ki güzelliğinizi sergilemeniz ve işiteceğiniz güzel sözle bir taraftan o insanların sizin yüzünüzden günah işlemesine sebep oluyorsunuz, diğer taraftan da Allah'ın emanetine hıyanet etmiş oluyorsunuz. Erkeklere yapmış olduğunuz kötülük bunlarla sınırlı değil tabii.

Bugün göz zinası yapmalarına sebep olduğunuz erkekler, yarın sizin bedeninizden faydalanmak isteyeceklerdir. Bir taraftan cinsel tacizden günah işlemelerine, diğer taraftan aile içi

Güzelliğimi Sergilemek İstediğimden Dolayı Kapanmamıştım

kavgalara sebep vermiş olacaksınız. Banane bunlardan! Ben mi diyorum ileri gidin? demeye hakkınız yok ki!..

Masamda duran Hasan Çalışkan'ın yazdığı 'Örtünme ve Çıplaklık' isimli kitabın 369. sayfasından bir alıntı yapalım:

Peygamberimizin buyurduğu gibi:

"Evvelinin meni, sonunun da bir leş olacağını bildiği halde gururlanan insana şaşarım."

Gerçekten erkek ve kadının bedeni damarlar, kemikler, barsaklar ve kanla doludur. Bütün bunlar ince bir tabaka ile kapatılmış ve kadın güzel bir mahluk olarak arzı endam etme imkanına kavuşmuştur. Nimetin şükrünü böyle mi ifade edecektir?

Bir kadının güzel olmasıyla cennete girmesi gerekmediği gibi, çirkin olunca da cehenneme gitmesi gerekmez.

Sormak gerekir? Hem güzellik nedir? Yüzü güzel olan kadın, gerçekten de güzel midir? Yüzü güzel olmayan kadınların kadınlığında ve insanlığında bir şeyler eksik mi sayılmalı? Eğer kadınlığın ölçüsü güzellik olsaydı, o kadar çok güzel kadın, erkekler tarafından terk edilip bir kenara acımadan fırlatılır mıydı? Eğer her şey kadın için güzellik olsaydı, güzel olmayan nice kadınlar, evinde herkesten uzak ve onun dünyaya, dünyanın da ona küsmesi gerekmez miydi?

Yine her şey güzellik olsaydı, 'yüzü güzel olandan usanılırmış da, huyu güzel olandan usanılmazmış' denilir miydi?

'Güzelliğimi sergilerim' diyen bir insan düşünmeli! Allah dileseydi, onu yüzüne bakılmaz çirkin bir biçimde yaratamaz mıydı?

'Güzelliğimi niçin sergilemeyeyim?' diyen bir bayan, kimin sayesinde güzelleştiğini düşünmeli! Allah'ın yarattığı güzelliği nasıl kendisine sahiplenerek, yine Allah'a karşı O'nun bahşet-

---

Tekin Yayınları. Tavsiye ederim, güzel bir kitap.

BİR BAYAN NİÇİN ÖRTÜNMEK İSTEMEZ?

tiği güzellik nimetiyle isyanda bulunabiliyor?

Güzelliğine güvenerek kendilerini bir şey zanneden bayanlara sormak gerek:

"İhtiyarlıklarınızda da güzelliklerinizi koruyabilecek misiniz?"

Tiksindirici yüz kırışıklarına, ellerinden gelirse engel olsunlar bakalım! Buna elbet güçleri yetmez. O halde insan nesine güveniyor? Atasözümüzde belirtildiği gibi:

'Güzelliğine güvenme! Bir sivilce yeter,

Zenginliğine güvenme! Bir kıvılcım yeter!'

Güzelliğine güvenenler, ayrıca şu sonuca da katlanmak durumundadırlar:

Maddi güzellik sürekli olmayacağı gibi, her zaman bir güzelin karşısında ondan daha güzel olanın çıkması da kaçınılmazdır. Güzel olduğu için bir dönemki anlayışı ve sevgisiyle evlenen erkek, bir gün gelecek, daha güzel kadınlar karşısında, artık karısını sevmemeye ve güzel görmemeye başlayacaktır. Hele kadının her geçen gün yaşlanmaya yüz tuttuğu, güzelliğinin yavaş yavaş sönmeye, bedeninin dökülmeye başladığı zaman, buyrun size harıl harıl çalışan fuhuş fabrikaları, genelevler, randevu evleri, sokaklarda çalışan kadınlar, her gün katlanarak artan geçimsizlikler, boşanmalar, kreşlere terk edilen çocuklar, düşükler, kürtajlar vs., vs...

Bunların manası şu demektir: 'Güzelliğimi esirgemem' diyerek toplumu ifsat eden kadından bir müddet sonra, başka güzelliğini esirgemeyen kadınlar tarafından ailesinin yıkılmasının gerçekleştirilmesiyle gizli bir öç alınmaktadır.

Zamanında güzelliklerine güvenerek kendilerini ilah gören artistlere, türkücülere ve sanatçılara da kalmıyor güzellikleri. Güzelliğiyle meşhur olmuş nice kadınların, huzurevlerinde ilgisiz ve perişan biçimde ölümü bekleyişleri, medyanın olağan ha-

Güzelliğimi Sergilemek İstediğimden Dolayı Kapanmamıştım

berleri içinde yer almaktadır.

Toplumda sesi ve fiziki güzelliğiyle ses yıldızı veya film yıldızı ya da benzeri alanlarda güzel bir yıldız olanların sonu çok acıklı. Bunlar bir müddet "altın çağ"larını yaşıyor, daha sonra ise zirveden düşme dönemi başlıyor. Bir başka yıldız tırmanırken, onun iniş dönemi başlamıştır bile...

Ama o ana kadar tüm hayatının amacı, mesleğindeki başarısı ve halkın alkışları olmuştur. Bir anda bunları kaybetmeye ve bir kenara itilip unutulmaya dayanamaz. Onun için bu durum her gün, her an yüzlerce defa ölmek gibi bir şeydir. İyi gün dostları da terk edince, kendisini ya intihara ya alkole ya da uyuşturucuya yöneltmekten kaçınmaz.

Çünkü gerçek dostun ancak kendisini ve tüm kainatı yaratan Allah olduğu gerçeğini, ne öğrenmeye, ne de vakit ayırmaya zaman bulmuştur. Victor Hugo'nun dediği gibi:

"Güzellik, gençlik ve gurur... Hepsini alır mezar..."

Ne gariptir ki, gençlik yıllarında 'güzelliği' ile ortalığı kasıp kavuran hanımların ideali olan meşhurlar, ihtiyarlıklarını tek başına acı ve elem içerisinde alkole sığınarak geçirirken, ak örtülü ninelerimiz, annelerimiz baş tacı olarak günlerini geçirirler.

Ama güzelliklerini helal dairesinde kullanıp, Allah'ın kadına bir ihsan olarak verdiği güzelliğin kıymetini bilselerdi, mutlu bir yuva, anne ve evinin hanımefendisi olsalardı ne ihtiyarlık, ne de güzelliğin geçip gitmesi onları bunalıma sokmayacaktı. Demek ki güzelliği tenine bağlayan hanımları, reklamcıların yalanlarıyla her ne kadar 'kalıcılığı' ileri sürülse de ten güzelliği kaybolduğu an korkunç bir akibet beklemektedir.

Unutulmamalıdır ki, dünyada yaşayan 'acı son'dan daha vahim olanı kıyamet gününde ilahi gazaba uğramaktır. Güzelliğini böbürlenmek, çalım satmak amacıyla kullananlar imtihanı kaybetmiştir. Onları öbür dünyada elim azaplar beklemektedir.

BİR BAYAN NİÇİN ÖRTÜNMEK İSTEMEZ?

Bundan kurtuluş ancak gerçek güzellik olan hicap ve inanca sarılmakla mümkündür.

Herhangi bir kadın erkekleri tahrik edecek bir açıklıkta giyindikten sonra "Güzelliğimle erkekleri çatlatmaktan zevk alıyorum. Canım böyle giyinmek istiyor, giyiniş tarzım kimseyi ilgilendirmez." diyebilir.

Biz burada böyle düşünenlere ve güzelliğini sergileyenlere şu hatırlatmayı yapmak istiyoruz:

Böyle kadınlar yaptıklarından tevbe edip vazgeçmek istemezlerse ahirette azaba uğrayacakları gibi, dünyada başına gelecekler de çekilecek gibi değildir! Kimseyi ilgilendirmez diyerek güzelliklerini sergileyenler, şüphe etmesinler ki, erkekler onların bu haliyle yakından ilgileneceklerdir.

Bazıları kadına çirkin laflar atacaktır. Bazıları kadının tahrikine tahammül edemeyip her şeyi göze alıp, o zavallı bayanı kaçıracak ve arzularına alet edecek, sıraya başka erkekler girecek, hatta polise anlatmasın diye tenha bir yerde öldürüp, geçip gideceklerdir.

Eğer iğfal edilmemiş güzellik kurbanı yaşasa dahi 'Allah muhafaza' başına gelen o olayı, o kabusu unutamayacak, depresyonlar geçirecek ve ömür boyu psikolojik bunalımdan kurtulamayacaktır.

Peki yolda görüntüsüyle erkeği tahrik eden, hal ve hareketleriyle umutlandıran, 'güzelliğimi sergilerim' inadında olan kadınların hiç suçu yok mudur?

Güzelliğini arz etme sevdasında olanlar aslında kendilerini büyük tehlikeye atıyorlar. Akılları başlarına geç geliyor; ama iş işten geçtikten sonra.

Bunun için şunu iyi bilmemiz gerekir: Güzellik günah kazanmamız ve kazandırmamız için verilmemiştir. Bu güzelliği meşru bir tarzda şükür olarak kullanmalıyız. Bu güzelliği İslam

Güzelliğimi Sergilemek İstediğimden Dolayı Kapanmamıştım

terbiyesi altında Kur'an adabının ziynetiyle süslememiz durumunda manen bâki bir güzellik olarak kalacak ve cennette hurilerin cemalinden çok daha şirin bir şekilde sahibine iade edilecektir.

- 12 -
Kapanırsam Diğer Dini Vecibelerimi de Yerine Getirmem Gerekecek

Böyle düşünen bir bayan ne başörtüsüne ve gerekliliğine karşı ne de diğer ibadetlerle Allah'a yakınlaşmaya karşı. Tamamen duygusal ve iyi bir niyetle söylenen bu söz de maalesef şeytan kaynaklı.

Bu cümlenin açılımını bir yapalım, bakalım altından ne çıkacak? Böyle düşünen bir bayan sanki;

- 'Ben hem başı açık, hem de dini görevlerini yerine getirmeyen bir bayanım. Halimden de oldukça memnunum. Şimdilik dini görevlerimi yerine getirmek istemiyorum. Sadece ileri bir tarihe erteliyorum. Ne zaman ibadetlerimi eksiksiz yerine getirmeye niyetlenirsem, o zaman kapanırım. Ama şimdilik düşünmüyorum.' diyor.

Bu tür sebepten kapanmak istemeyen bir bayan, yapacağı ibadetleri gözünde bayağı büyütmüş oluyor. Sanki 'başı kapamak kolay. Önemli olan örtüyle beraber diğer ibadetleri yapmak' diyor.

Bu başlığımızı da aydınlığa kavuşturabilmek için hemen bir

BİR BAYAN NİÇİN ÖRTÜNMEK İSTEMEZ?

ara başlık atalım:

Yapılması gereken ibadetler nefse niçin ağır gelir?
Yapacağı herhangi bir ibadeti gözünde büyüten bir insan
- Niçin yaratıldığını,
- Allah'ın kendisinden neden ibadetler istediğini,
- Yapacağı ibadetlerle Allah'a nasıl bir mesaj vereceğini,
- İbadetlerin aksatılması ya da tamamen terki durumunda kendilerini nasıl bir akibetin beklediğini bilememeleri,
- Daha önce hiç denememeleri,
- Özel zevklerini kısıtlayacağı düşüncesi,
- Kalp temizliği ve benzeri bir mazerete sığınmaları,
- Daha önceden birkaç denemede bulunmaları ve bir şeyler hissetmemeleri sebebiyle ibadetlerin nefislerine ağır geleceği düşüncesi.

Yukarıda sıraladığımız maddeler gerçekten de ibadetlerden haz almanın önünde ciddi birer engel teşkil ediyor.

Gençken kıldığım namazlar aklıma geliyor da, ne kadar da yorucuydu. Sabahın erken saatinde kalkıp namaz kılmak, tam bir yüktü. Oysa ki abdest de dahil 6 dakika bile sürmüyordu. Nasıl oluryordu da 6 dakikalık bir namaz nefse bu kadar ağır geliyordu?

Cevabını yıllar sonra bulmuştum. Allah ile diyaloğa girmeden yapılacak her amel nefse oldukça ağır gelir. Daha sonra da manasız. Böyle olunca da ya 'demek ki hazır değilim' denilerek geri adım atılır, ya da daha ileri bir tarihe ertelenir.

- 'Denedim ama olmadı! Artık benden geçti.' denir ve film kopar!

Aslında her zaman ibadetlerden lezzet alınamayabilir. İnsanın o anki psikolojisiyle de alakalı bir şey. İşleri ters giden, ya-

Kapanırsam Diğer Dini Vecibelerimi de Yerine Getirmem Gerekecek

zılıdan zayıf alan, çeki dönen bir insanın o günkü namazından aldığı lezzet ile mutlu bir anında kıldığı namazdan aldığı lezzet aynı olamaz. Önemli olan her halükarda ısrarla devam etmek.

Evli bir bayan eşiyle her zaman aynı mutluluğu yaşayamayabilir. Gün gelir aile kavgaları yapılır. Ya da uzun bir dönem can sıkıntısı sineye çekilir. Yani sabredilir.

Peki neden bir iki denemeyle lezzet alınamayınca namazlar terk ediliyor? Hadi diyelim ki namaz ve oruç nefse ağır geliyor, o sebepten namaz kılmıyor ve oruç tutmuyorsunuz ! O zaman kapanın da namusunuzu elalemden gizleyin! Kapanın, yine kılmayın! Kapanın, yine oruç tutmayın!

Zannedersem mesele biraz farklı...

- 13 -
Dinden Çıkmadığıma Göre Başımı Açmamda Problem Yok

Daha çok, okul ile iş için başörtüsünü feda edenlere yapılan nasihatten sonra sığındıkları mazeretlerin başında gelen bir mazeret...

Sanki şöyle diyorlar:

'Okulu bitirmek için 10 yıl günah işlemeyi göze alıyorum. Kendi irademle, yani günah olduğunu bile bile 10 senemi feda edeceğim. Hem başımı açıp Allah'ın sözünü dinlememekle, hem de okuldaki erkek arkadaşlarımın günah işlemesine (göz zinası) vesile olacağımı bile bile...'

Başörtüsüne karşı olmadığıma göre, dinden çıkacağımı zannetmiyorum.

Şeytanın bu zarfına yem olan bacılarımız büyük günahları küçümseyip, dinden çıkmayanların da cehenneme uğramayacağı düşüncesindeler. Yani 'Kafir olmadığıma göre, problem yok. En kötü ihtimal günahlarımızın cezasını çekip cennete gideceğiz' düşüncesindeler.

Cehennem ateşini bir bahar meltemi, kanlı irini de sütlaç

BİR BAYAN NİÇİN ÖRTÜNMEK İSTEMEZ?

olarak algılayan bacılarımıza cehennem hayatından bir hatırlatma yapalım:

Bir anlık cehennemde olduğunu düşün;

Düşün ciğerini ki, ateş içine giriyor ve sen de feryat ediyorsun; fakat merhamete uğramıyorsun. 'Dünyaya geri dönmeyeceksin' şeklinde cevap verilince ağlıyor ve pişmanlık gösteriyorsun. Artık tevben kabul edilmeyecek ve feryadına cevap verilmeyecektir.

Orada kalışın uzamışken kendini bir düşün. Azap devam eder, üzüntü son haddine ulaşır ve susuzluğun şiddetlenir de dünyadaki içecekleri hatırlarsın. Koşar, cehennemden yardım istersin. Sen azap işiyle görevli cehennemin bekcisi olan meleğin elinden kabı alırsın. Kabı alınca altından elin yanar, hararetinden ve yanmasının şiddetinden dolayı elin parçalanıp dökülür.

Sonra onu ağzına yaklaştırırsın da yüzünü yakar. Sonra onu zorlanarak yudumlayınca boğazının derisini soyar. Sonra karnına ulaşır da bağırsaklarını parçalar. Artık sen bir yazık ve helak feryadı koparırsın.

Dünya içeceklerin, onların soğukluk ve lezzetlerini hatırlarsın. Sonra hararetini gidermek ister ve hemen dünyada alıştığın gibi yıkanmak ve suya dalmak suretiyle serinlemek için sıcak suyun duvarlarına koşarsın. Hararet şiddetlenip de kaynar suya dalınca, başından ayağına kadar derilerin yüzülüp soyulur. Bu sefer de daha hafiftir ümidiyle alelacele ateşe koşarsın. Sonra ateş yanığı sana iyice ağır gelir de tekrar kaynar suya dönersin. İşte sen bir ateş, bir kaynar su arasında dolaşır durursun.

Sonra cennetin içeceklerini ve sularının soğukluğunu ve hoş yaşamını hatırlarsın, bundan mahrum kalmaktan duyduğun iç yangınından dolayı kalbin parçalanır.

Dinden Çıkmadığıma Göre Başımı Açmamda Problem Yok!

Sonra oradaki ana, baba, kardeş ve diğer bazı yakınlarını ararsın da muzdarip ve yanık bir kalpten çıkan mahsun bir sesle onlara seslenirsin;

- 'Ey anneciğim! Ey babacığım! Ey kardeşim! Yahut halacığım veya kızkardeşim! İçecek bir su dersin. Onlar da sana mahrumiyetle cevap verirler.'

Böylece ümidini boşa çıkartmalarından duyduğun üzüntüden, aziz ve celil olan Allah'ın gazabından dolayı onların da sana olan öfkelerini gördüğünden kalbin parçalanır.

Bunun üzerine dünyaya seni geri döndürmesi ümit ve dileğiyle derhal feryat ederek Allah'a sığınmak istersin. Fakat uzun bir müddet geçtiği halde, Allah, sana hakaret için cevap vermez. Çünkü senin sesin onun nezdinde gazaba sebep olur. Onun katında senin makamın düşüktür.

Bu etkili cehennem tasvirine bir iki ayet ekleyip, birkaç hatırlatmada bulunalım.

"Yüzleri ateşte evrilip çevrildiği gün: Eyvah bize! Keşke Allah'a itaat etseydik, Peygambere de itaat etseydik, derler!' (Ahzab, 66).

"İşte Rablerinin emrine uyanlar için güzel (mükafat) vardır. O'na uymayanlara gelince, eğer yeryüzünde olanların tümü ile bunun yanında bir misli daha kendilerinin olsa, (kurtulmak için) onu mutlaka feda ederler. İşte onlar var ya, hesabın en kötüsü onlaradır. Varacakları yer de cehennemdir. O ne kötü yataktır." (Rad, 18).

Evet, cehennem sıcağını ensesinde hissetmeyen bacım! Şeytanın, basitleştirdiği cehennem bu!..

Aslında çok tehlikeli bir mazeret beyanı! 'Madem dinden çıkmayacağım, o zaman yapacağım eylemin bitiminde tevbe

---

Farzet ki öldün!, Haris el-Muhasibi, Karınca Yayınları.

BİR BAYAN NİÇİN ÖRTÜNMEK İSTEMEZ?

etme ihtiyacı bile hissetmeyeceğim!'

Öyle ya; madem dinden çıkmayacaksın, zina da yap, faiz de ye!

Bahsettiğimiz mazerete, sadece okul için başını açanlar sığınmıyor. Okul sonrası çalışmak isteyenler de aynı mazerete sığınıyorlar.

'Madem dinden çıkmayacağım, neden işsiz gezeyim ki?'

Bu mazeretlerin arkasına sığınanların 'dinden çıkar mıyım acaba?' diye bir kaygılarının olduğunu da zannetmiyorum.

İşte tehlike burada! Haramlara karşı duyarsız kalıp insanı kafir yapan amel dışındaki günahların hafife alınmış olması... Sanki;

'Ne olacak? Dinden çıkmıyoruz ya!'

Bu zihniyetin mantığında, haram demek, kişiyi dinden eden demektir. Ameli küfür o kadar da sorun değil bunlar için. Oysa ki, Resulullah (sav) ne kadar güzel söylemiş:

"İşlenen her günah, kalbe siyah bir nokta bırakır."

10 yıl boyunca her dakika kalbe nokta bırakıldığını düşünün!

Benim bildiğim yapacağımız bir amelin Allah katındaki değerine bakılır. Ya yapılmasını yasaklar, ya yapılmasını emreder, ya da tercih hakkını bize bırakır.

Yasakların da dereceleri vardır. Günah, büyük günah ve küfür. Büyük günah olan bir amel küfür olmayabilir. Bir amelin küfür olmaması, onun haramlık derecesini düşürmez ki!

Dedik ya, şeytan bu kalbe bir vesvese, bir kötülük ilham ettiği zaman mutlaka, muhatabın bünyesine ve kültürüne uygun sığınacağı bir mazeret sunar. Seç bakalım der.

Onlarca mazeret çeşitleri arasında herkes kendisine bir kılıf bulur. Ve onunla günah eylemi bitene kadar iç kavga yaşamaz.

Dinden Çıkmadığıma Göre Başımı Açmamda Problem Yok!

Her günah işleyenin;

'Allah'ım! Başımı açmakla senin emrine karşı geliyorum. Ve ben, bile bile günah işliyorum. Utana utana günah işliyorum. Yarın ahirette yüzüne nasıl bakarım!'

Her okul dönüşü;

'Allah'ım! Ben bugün tam beş ders sınıfta başımı açarak hem sözünü dinlemedim, hem de arkadaşlarımın bir kısmının günahına sebep oldum! Sen beni affet Allah'ım!' dediğini düşünelim. Sizce kaç gün sonra okulu bırakır?

- 14 -
Başörtü İçin Kendimi Henüz Hazır Hissetmiyorum

Erteleme hastalığının değişik versiyonu. Ne zaman kendilerini hazır hissederlerse o zaman kapanacaklar ve açık olduğu dönemlerden de sorumlu olmayacakları gibi, içleri çok rahat.

Gençken bu mazeretin arkasına sığınanlar, belki de 60'ından sonra kendilerini hazır hissedecekler. Ya da özel zevklerini tattıktan sonra kendilerini hazır hissedecekler!.

Başörtüsü nasihatiyle karşılaşan açık bir bayan, o an içinde bulunduğu durumu bir film şeridi gibi izleyip, o girdaptan çıkamayacağı ümitsizliği ile havlu atıyor. Başörtüsü için kendisinin hazır olduğunu zannetmeyen bir bayan belki de gerçekten hazırdır da, hazır olduğunun farkında değildir. Onu nasıl ayırt edecek?

Kendisi hazırlığa ne zaman başlayacak? O gücü nasıl ve kimlerden alacak?

Kendimi hazır hissetmiyorum diyen bir bayan, başörtüsüne karşı olmadığını, örtünüldüğünde de örtünün hakkının verilmesine inanır. Niyet çok güzel, gerçekten de niyet çok güzel...

BİR BAYAN NİÇİN ÖRTÜNMEK İSTEMEZ?

Düşünüyorum da, bu sebebe sığınan bir bayanın gözünü içinde bulunduğu durumdan sıyrılamama mı korkutuyor, yoksa başörtülü bir hayatın nefsine ağır gelmesi mi?

Tabii ki bu soruyu, bu mazerete sığınanlara sormamız gerekecek.

Bu ikilem içinde olanlara sesleniyorum;

- 'Eğer gözleriniz önüne yapmış olduğunuz günahlar geliyor ve ben bu günahlardan nasıl sıyrılırım ki' diye düşünüyorsanız, unutmayın ki, kapananların bir çoğu sizin ortamdan çıkıp kabuk değiştirdiler. Yani çok da zor değil. Bana öyle geliyor ki, siz ne zaman başörtüsü teklifi ile karşılaşsanız, size en yakın olan şeytan, size günahlarınızı hatırlatarak;

- 'Bu kadar günah işledin. Bu durumdan sıyrılman için tevbe etmen gerekecek. Allah'ın yerinde sen olsan bağışlar mıydın diyecek ve muhatabını da ümitsizler sınıfına kayıt edecek. Ya;

'Henüz hazır değilim', ya da 'Başörtü kısmet işi!...' dedirtecek...

Nikotinden kurtulamayan bir tiryaki, rahat olduğu zamanlarda sigaranın zararları konusu açıldığında o kadar da takmaz ve;

'Atın ölümü arpadan olsun' der. Yani halimden memnunum. Bırakmaya da niyetim yok, ölümüme razıyım der.

Doktorunun;

- 'Kansersin' teşhisi karşısında buz gibi olan tiryakimizin aklına 'atın ölümü' sözü hiç gelmez.

- 'Kurtuluş yolu yok mu doktor bey!' der; gerçekten de hayatı seviyorsa tabii.

Kim olsa bağışlamazdım deyip tevbe eyleminden vazgeçerek oysa ki Allah yüzünden yapılan tevbeleri kabul ediyor. İstediğin kadar geçmiş günahların olsun.

Başörtü İçin Kendimi Henüz Hazır Hissetmiyorum

Bu panikleme anı çok önemlidir. Ya kesin karar verilir, sigara bırakılıp tedaviye başlanır, ya da ümitsizliğe düşülüp 'atın ölümü' denir.

Kendimi hazır hissetmiyorum diyen bir bayanın misali ne de benzermiş 'atın ölümü' diyene!

Aynı şok teşhisi sizin için yapıyorum;

'İnancınıza ümitsizlik kanseri bulaşmış ve her geçen gün inançlarınızın hücrelerini kemiriyor.'

- 'Yok mu bunun kurtuluş yolu?' diyenler için tek bir ilaç var; hastalığı kaptığınız ortamı ve o ortamdaki mikrobun kaynağını tespit ederek işe başlayın. Yani ortam değişikliği iyi bir kan değişikliğidir. Sonrası çorap söküğü gibi kolaylaşır. Yeter ki çoraptan kaçan ipi bulun. Sonrası çok kolay...

Ani dönüşlerde şeytan oldukça güçsüz kalır. Azaltarak bırakırım diyen insanların yüzde 99'u sadece o gün, bilemedin bir hafta azaltıyorlar, sonra da eski hallerine devam ediyorlar. Ama içmeme şartıyla bırakanlar kolay kolay tekrar başlamıyor.

Kabuk değiştirmek nefse ağır gelir. Bunun bilincindeyim. Ama inanın sadece geçiş dönemi biraz yorucu oluyor, o kadar. Sonra da;

-'Ya, korktuğum da bu muymuş?' deniliyor..

Bence siz bir an önce başörtüsünü deneyin.

Ama önce başörtülü bir hayatın dünya ve ahiretteki getirileriyle başörtüsüz bir hayatın dünya ve ahiretteki götürüsünün kıyasını yapın.

Yumruğunuzu masaya vurup;

- 'Allah'ım! Geçmiş günahlarım için senden özür diliyorum! Bir anlık nefsime yenik düşüp senin, her iki dünyada mutlu olmam için bana öngördüğün başörtüsü ve diğer kılık kıyafetleri

---

Uzun ve genişçe manto...

BİR BAYAN NİÇİN ÖRTÜNMEK İSTEMEZ?

giymedim. Şeytanın da yardımıyla böyle bir yaşam çok sevimli geldi.

Ne zaman aklıma sen ve emirlerin gelse, şeytan hep günahlarımla karşıma dikiliyor.

Ya Rabbi! Sen şeytan ve beraberlerindekilerine karşı bana dayanma gücü ver!

Ya Rabbi! Sen tesettürü ve tesettürlü bir hayatı bana sevdir! deyin. Unutmayın ki, Allah size yardım edecek ve 'atın ölümü" şarkısını dilinizden düşüreceksiniz. Çünkü Allah sizlerin dünya ve ahirette mutlu olmanızı istiyor.

- 15 -
Bu Zamanda da Başörtü Olmaz ki! Hangi Çağda Yaşıyoruz?

Başörtü konusunda şeytanı çok rahatlatan ve şeytanın zafer şarkı sözü olan bu mazerete sığınan bir bayan, kendisini pis bir sıvıdan yaratıp gerekli fiziği bahşeden Allah'ı bilgisizlikle suçluyor. Yani, Allah'ı zamanlama hatası yapmak (haşa!) ve çağ ilahlarının işine karışmakla suçluyorlar.

Sanki şöyle diyorlar (belki de farkında bile değiller);

'Allah'ım! Sen bizlere yedir, içir, gece ve gündüzü yarat, kurak topraklara yağmur gönder, göğü ve yeryüzündeki insan dışındaki canlı ve cansızları dilediğin gibi yönet; ama biz insanların giyimine kuşamına, yaşama şekillerine ve sana olan ibadet şekillerine karışma!

Biz insanlar yeryüzünde en iyi şekilde nasıl yaşanırı senden daha iyi biliyoruz! (haşa) Her ne kadar zaman ve çağı sen yaratsan da, bizler kadar bilemezsin (haşa)! Bizim uluslararası modacılarımız, o modayı bedeninde teşhir eden mankenlerimiz ve sanatçılarımız var. Ve milyonlarca insan bu işten, helalinden ekmek yiyor.

BİR BAYAN NİÇİN ÖRTÜNMEK İSTEMEZ?

Biz hayatımızdan memnunuz Allah'ım! Verdiklerine karşılık, ramazan orucunu tutarak, mevlitler düzenleyerek, okul yaptırarak vs. şükrümüzü dile getiriyoruz.

Yani her şey yolundayken bu başörtü manto da nereden çıktı (haşa)! Doku uyuşmazlığı var! Hayatımıza tarafından bir müdahale söz konusu. Oysa ki buna bizim modacılar karışır.

Eğer sakin bir kafayla düşünürseniz, savunduğunuz mazeretin genişçe açılımının böyle olduğunu görürsünüz.

Düşünüyorum da, modacılar ve başörtüyü bu çağa yakıştıramayanlar daha önceleri neredeydi ki? Çok önceleri... Yani doğmadan çok önceleri... Pis bir sıvı değiller miydi? sonra anne karnında iki büklümken Allah onları unutmadı ve o karanlıkta kendileriyle yakından ilgilendi. Gün geldi o pis bir sıvı gülen, konuşan ve yürüyen bir insan oldu. Allah'a minnettar olması gereken insan, Allah'tan aldığı akılla Allah'ı eleştirir hale geldi.

Zamanlama hatasıyla suçlanan Allah, acaba aynı çağda başka bir hata yapmış mı? Ya da hatalar? Eğer somut ya da soyut bir hata yapmışsa bani inandırmanız gerekiyor.

Gerçekten de hata yapmışsa (Allah'a sığınırım) namazı şimdiden bırakmaya hazırım. Çünkü benim ilahım hata yapmamalı!

Çağa ayak uyduramayan bir insan her yönüyle hata yapar. Değil insan, devlet bile olsa hata yapar. Peki Allah nerede hata yaptı (haşa)?

İnanın, farkında olmadan modacılarla Allah'ı kıyaslayıp, modacıların daha bilgili olduğunu iddia ediyorsunuz! Her şeyi böylesine kusursuz yaratan bir yaratıcı çağ hatası yapmış olabilir mi?

Allah'tan utanarak ve korkarak o cümleleri yazıyorum.

Bu Çağda da Başörtü Olmaz ki! Hangi Çağda Yaşıyoruz?

Aynı çağda aynı yeryüzünde beraber yaşadığımız kedilerin seslerinde, kuşların kanatlarında, suyun renginde, elmanın renginde ve kokusunda, gülmek isteyen bir insanın yüz ifadesinin değişikliğinde, doğum aylarının değişmesine şahit oldunuz mu?

Yemin ediyorum, olayın mantığını çözmeye çalışıyorum. Bir insan neye güvenerek, Allah'ı bilgisizlikle suçlar?

Bana öyle geliyor ki, bu mazeretin altında büyük bir 'rant' var. Evet, evet 'rant'!.

Sanki rantçılar şöyle diyorlar:

- 'Allah'ım! Sen bayanların fıtratına beğenilme, süslenip püslenme duygusunu programladın. Bizler de kadınların bu duygularını istismar etmek istiyoruz.

Kozmetik ürünler satan firma sahipleri, kuaförler ve giyim sektörleri sahibi olan bizler, bayanları kullanarak servetimize servet katmak istiyoruz. Haliyle onların giyim, kuşam şekline karışma! (haşa) Kadınlar var oldukça ve kapanmadıkça ekmeğimize yağ sürmeye devam ederler.

Modayı, yani ürünlerimizi takip eden bayanlara en uygun mazeret de 'Bu çağda bu giyim olur mu?' mazeretiydi. Ve sağolsunlar, şeytanın da yardımıyla emellerimize ulaştık. Hem kendileri oyunlarımıza alet oluyorlar, hem kozmetik sektörü bu bayanlarla ayakta, hem de sayelerinde göz zevkimizi de gideriyoruz.

İnanın hadise bu! Sizi en zayıf yerinizden vurmuşlar. Modayı takip etmesini seviyorsunuz. 'Bu çağda da başörtüsü mü olurmuş?' vicdanınızı rahatlatmak için modacılar tarafından üretilen bu mazerete sığınmanız birçok sektörün ekmeğine yağ sürerken, farkında olmadan da inancınıza kanser mikrobu bulaştırmış oluyorsunuz.

Bu anlattıklarımız, inançla alakalı olan şeylerdir. Bir de olayın mantıki boyutunu masaya yatıralım:

BİR BAYAN NİÇİN ÖRTÜNMEK İSTEMEZ?

"Örtünmek: Gericiliği, Çağdışılığı; Açıklık ise İlericiğili ve Çağdaşlığı Temsil Eder" diyorlar

Cevap: Çağdaşlık modasına kapılan bazı kadınlar ilericilik adına akıl almaz kılıklara girmekte ve kendileri gibi giyinmeyenleri çağdışılıkla itham etmektedirler. Gördükleri tesettürlü bayanları küçümseyip "gericilikle" itham eden batı taklitçilerine şu soruları yöneltelim: "Kim gerici?" Tesettür, 1410 yıl önce farz kılındı. Resmi tarih kitaplarınızın ileri sürdüğü mağara döneminin ilkel insanları onbinlerce yıl önce de güya çıplaktılar. 1400 yıl önceki Peygamberin emrettiği tesettüre uymak mı, yoksa onbinlerce yıl önceki inandığınız çıplak mağara dönemi insanlarına uymak mı gericiliktir? Bu mantıkla olaya yaklaşsak bile uzaklara gitmeye gerek yoktur. Cinsel organları dışında her tarafı açık olan günümüzün Afrika'daki kabile mensuplarının dünyanın en çağdaş ve ilerici isanları olması gerekirdi, eğer çıplaklık ilericilik olsaydı. Söyleyin, o halde gerçekten kim gerici?

Prof. Dr. Marshall Mc Luhan, çağdaşlığın işareti olarak gösterilen mini eteğin "kabile giyimi" olduğunu ileri sürmektedir. Ormanlarda yaşayan Afrikalı bazı kabileler arasında günümüzdeki mini etek, binlerce yıldan beridir yaygın biçimde giyilirken, minicilerin çağdaş geçinmesi ilginçtir.

Şüphesiz ki çıplaklık gericiliktir, tesettür değil. Bugün İslam topraklarında çıplaklığı savunan kişilik zaafına uğramış "zavallılar" tesettüre düşman olmakla kalmamışlar, aynı zamanda çıplaklığı kutsayarak cahiliye gericiliğine de düşüyorlar. Ancak cahiliye müşriklerinin "kutsal" çıplaklığı bugünkü "çıplaklık misyonerleri"nin savunduğu çıplaklıktan daha mantıklıydı. Onlar Kabe'yi çıplak tavaf eder, buna gerekçe olarak da "Bu elbiselerimizle günah işliyoruz." Çagdaş çıplaklığın meccane misyonerleri, müslüman kadını tüketime dayalı kapitalizm dininin mabedleri olan alışveriş merkezlerine çekerek efendilerine ne büyük bir hizmet verdiklerinin bilincinde değiller.

Bu Çağda da Başörtü Olmaz ki! Hangi Çağda Yaşıyoruz?

İslam alimi Muhammed Kutup, ilericilik açısından ilginç bir örnek verir:

"Bir plajda, bir kızın fotoğrafı çekilmek istenir. Nasılsa kendisinde 'haya'dan bir eser kalmış. Herhalde yaratılışından gelen ve kadınlığının tabii neticesi bir duygu! Kız, fotoğrafçının karşısında kumların üzerinde bacakları kapalı bir şekilde oturmaktadır. Fotoğrafçı 'ilerici' bir resim almak ister. Fakat kız bu teklifi reddeder. Fotoğrafçı, kıza manidar bir eda ile bakıp 'tuhaf şey!' ayol sen çiftçi kızı mısın?" der.

Bunun üzerine az da olsa mevcut olduğundan bahsettiğimiz kızın 'haya'sı uçup gider. Artık bütün vücut organları hürriyete kavuşmuştur. Bacaklar rahatlıkla sonuna kadar açılır. Şimdi her şey yolundadır. "İlerici" bir poz alınmıştır.

Gerçekten insan şaşırıyor. "İlericilik, gericilik, çağdaşlık" deyince neden hep meseleyi anadan üryan olmakla bağdaştırmaya çalışıyorlar.

"Örtü onlara göre, geri kalmışlığın sebebidir. İlerlemek istiyor musunuz? Onlara göre medeniyette ilerlemek için her şeyden evvel kadınları çırılçıplak soyacaksınız(!) Başlarını, hatta bacak aralarına varıncaya kadar bütün vücutlarını açacak, ortaya çıkaracaksınız. Onları toplantılarınızın süsü ve ışığı haline getireceksiniz. İşte o zaman medeniyetiniz de ilerler, ilginiz de artar, ilminiz de gelişir.

Eğer kadınlarınıza ve kızlarınıza namus, iffet, eve bağlılık, aile kutsiyetine sadakat, evin sultanı ve gözbebeği olmak gibi değerleri öğretirseniz, ilminiz kalmaz (!), sanayiniz dağılır (!), ticari hayatınız felce uğrar (!), ilerlemeniz durur (!), kısaca medeniyetiniz yok olur gider (!). Çünkü medeniyetin gereklerinden biri onlara göre şudur:

Evin hanımı "affedersiniz yanlış oldu" madamı sabahleyin saat on ikiye kadar bütün işleri bir tarafa bırakmalı, aynanın

BİR BAYAN NİÇİN ÖRTÜNMEK İSTEMEZ?

karşısına geçip ya saçını düzeltmeli veya kaşını ya da tırnaklarını törpülemelidir.

Çağdaşlık için hepsi bu kadar değil. Güzelleşmek için elinden geleni yapmalı, sokağa çıktığı zaman derisine çeşitli kokular sürmeli ve pudralanmalıdır. Türlü türlü makyajlar için yığınla budalayı soyan, sözüm ona kadın berberlerine para dökmeli, cicili bicili elbiseler giyerek kaşlarını yay gibi, kirpiklerini ok gibi yapmalı, sonra da bunlarla karşılaştığı erkeklerin kalplerini delmeli ve medeniyeti bu şekilde ilerletmelidir. Çeşit çeşit eda ve cilvelerle can-u gönülden eteğini açmalıdır (!).

Bu gibi insanlara göre ilerlemek, medeniyet, çağdaşlık, kültür ve sanat demek, sadece kadınların bacaklarını ve güzelliklerini teşhir etmeleridir. Çünkü örtü, insan gibi elbise giyerek, vücudu kapamak, onların gayesine aykırıdır. Bunun için uydurma tarih tezleriye İslam nizamında "hicab"ın yeri olmadığını ispata kalkarlar.

Çağdaşlığı bahane edip, insanların giyim kuşamlarına karışanlar, aslında kendi taassuplarıyla ilkelliğe düşüyorlar. Çağdaşlık ve ilericilik, bir ülkenin sanayi, teknoloji, ilim sahasında gösterilmelidir. Batı'nın yaşantısını, giyimini çağdaşlık zannedenler şahsiyetini kaybetmiş, aşağılık kompleksine sahip kişilerdir. Bu garip anlayışı 19. yüzyılda Rus Çarı Petro'da da görüyoruz. Deli Petro, tahsil görmek için gittiği Hollanda'da bu ülkenin nasıl gelişmiş olduğunu düşünürken, sokaktaki insanların ekserisinin sakalsız olduklarını görünce, kalkınmanın sakalı kesmekle mümkün olabileceğini zannetmişti. Nihayet Deli Petro Rusya'ya dönüp saltanata geçince, kanun çıkartıp sakal bırakmayı yasakladı. Sakal bırakanların sakallarını zorla kestirtti. Sakal bırakanları ağır cezalara çarptırdı. Ama Deli Petro'nun Rusyası yine de bir türlü gelişemedi. Aynı mantığın ülkemizde de geçerli olduğunu görüyoruz. Çağdaşlık adına kadınlarımıza örtüyü yasaklama zihniyeti süregelmiştir. Tesettürsüzlüğün yaygın-

Bu Çağda da Başörtü Olmaz ki! Hangi Çağda Yaşıyoruz?

laşmasıyla ülkenin ilerleyeceğini düşünenlerin yanlışlığı ortadadır. Çünkü kadınlar o kadar soyunmalarına rağmen, yine de ülke kalkınamamıştır.

İşte popüler bir Türk yazarına göre de uygarlık seviyesine fırlamanın biricik yolu:

"Kadınlar kahvehanelerde ve birahanelerde erkeklerle beraber oturmalı. Avrupa'dan dönen işçiler mercedes arabalar, videolar getirirlerken, çocuklarına akerdeon getirmeli. Köylerde yüzme havuzları yapılıp kadın ve erkek karışık yüzmeli."

Böyle anlayışta olan çağdaş hilkat garibeleri, gelişmeyi ekonomik ve teknolojik sahada değil, örtüden ve hayadan sıyrılmak şeklinde anlıyorlar. Cevaplayamayacakları halde yine onlara soruyoruz:

- Sanki ülke ilerlemişti de uzaya gönderdikleri uydular müslüman kızların başörtüsüne takılıp da mı uçamamıştır?

- Sanki ülkede bir icat gerçekleştirildi de, müslüman kızlar okuyup üfleyerek icatlarını mı patlattılar yoksa?

- Sanki bunlar ay'a çıkacaklardı da örtülü kadınlar bunların ilim konsantrelerini ve ilhamlarını mı kaybettirdi ki böyle düşmanlık besliyorlar örtüye?

Açık saçıklığı modernlik, çağdaşlık zannedenler belki de toplumda kaba hareketleriyle göze çarpan bazı yarım kapanmış taşra kadınlarına bakarak kendilerini üstün görüp, örtülülüğü çağdışı sayan acubeler olmuşlar. Toplumda, gürültü patırtıyla hareket edip, yüksek sesle konuşan taşralı kadınlara bakıp, burun kıvıran, onlara alaylı şekilde bakıp kendisine modern havasını vermeye çalışanlar, zannediyorlar ki kapalı kadın taşralıdır, kaba sabadır. Bunlar yanlış örneklerden yola çıkarak kendilerini avutuyorlar.

İslami mânâda örtünmemiş, hicabın şuuruna varamamış, anadan-neneden gördüğü şekilde bilinçsiz ve geleneksel biçim-

BİR BAYAN NİÇİN ÖRTÜNMEK İSTEMEZ?

de örtünen bazı taşralı kadınlara bakarak bunların nahoş hareketlerini İslam'a mal etmek yanlıştır. Taşralı kadınlarımızın bazıları İslam'ı, hicabı, tam mânâsıyla bilememektedirler. Bu kadınlarımız da yıllardır sistemin dinden ve hicabdan uzaklaştırma faaliyetlerinin nispeten etkisinde kalmışlardır. Taşralı kadınlarımızın çoğu da kendini modern zanneden kadınlar gibi İslam'ı bilmemektedirler. Geeneksel giysili, örtülü kadınlar arasında namaz kılmayan, kadın-erkek karışımından da sakınmayanlar var. Seslerini yabancı erkeklerden sakınmaları gerekirken, bunu yapmazlar. İslam'ın öngördüğü tesettüre tam mânâsıyla bürünemiyorlar. Biz taşralı kadınlarımız arasındaki bilinçsiz kişileri kötülemek için bunları söylemiyoruz. Onların mütevaziliği, saf ve temiz kalplilikleri, kendini beğenmiş, çağdaş geçinen kibirli kadınlardan kendilerini elbette daha değerli kılar. Geleneksel anlayışla giyinen kadınlarımız, örtünme ve hayayı tam mânâsıyla bilselerdi, göze batacak şekilde davranmazlar, örtünmeyi tam mânâsıyla temsil edebilirlerdi elbette ki...

Kişilere bakıp örtünmeyi sorgulayan çağdaş anlayışlı (!) kadınların örnek alabileceği bilinçli örtünen kadınlarımız ve kızlarımız da var. Örtüsüyle fakültelerde birinci olan pırlanta gibi sayısız kız öğrencileri gözönünde tutsalar, sanırız daha tutarlı olacaklar. Onların örnek alabileceği tarihten ve günümüzde kadınlar içinde sevilip sayılan yardımsever, dostluğuna ve komşuluğuna doyum olmayan nice kadınlarımız vardır.

Bilinçli giyinen, samimi ve mütesettir hanımlara göre değerlendirmelerini yapmaları gerekir.

Bugün teknolojik sahada geri kalmış, halkı müslüman ülkelere bakarak da örtüyü gericilik işareti görenler yanılgı içindedirler. Halkı müslüman ülkeler zaten yüzyıllardır batılı anlayışla idare ediliyorlar. İslamiyet'in idarede etkisi yok. Eğer müslümanlar tam mânâsıyla İslam'ı yaşasalar madden ve manen dünyanın en ilerileri olacaklarına örnekleriyle tarih şahittir: Ba-

Bu Çağda da Başörtü Olmaz ki! Hangi Çağda Yaşıyoruz?

tılı filozoflardan birinin söylediği gibi: "Muhammediler dinlerine uymakta kusur ettikçe, zaafa düştüler, alçaldılar. Avrupalılar da (muharref) dinlerini ne kadar terk ve ihmal ettilerse o kadar kuvvet buldular."

Napolyon Bonapart bile bir milletin kalkınmasının kadının hayasıyla olacağını şu sözüyle te'kid eder: "Bir milletin yükselmesi iki sebebe bağlıdır : Erkeği mert ve cesaretli, kadını iffetli olursa..."

Gerçekten inancımız ve hicabımız ilme, teknolojiye engel olmayıp, bilakis itici ve motive edici bir güce sahiptir biiznillah.*

*(Örtünme ve Çıplaklık / Tekin Yayınları Kohya)

Çağdışı olmanın kime, ne zararı var?

Modayı takip eden bir bayan çağa ayak uydurmak için TV'de magazinleri ve televoleleri dikkatle izler. Acaba bu ay hangi saç stili, hangi renk ve ne tür elbiseler moda?

Magazinlerde ortaklaşa çalışan büyük firmalar ekranda görülen elbiseleri vitrinleyerek avlarının ağlarına düşmesini sağlarlar.. (Her ay yeni bir masraf).

Alışveriş ve kuaförden dönen bir bayan, bir iki bez kumaş, 5-10 gram boyayla çağa ayak uydurduğu bilinciyle kendini diğer insanlardan oldukça farklı görür. Kendisini çağa uyduran malzemelerin daha iyileri dolaplarında mevcuttur oysa ki! Bir de çağa ayak uydurmanın getirisi ve çağa ayak uyduramamanın götürüsüne bakalım;

Modayı yakından takip eden ve çağa ayak uydurduğunu iddia eden bir üniversite öğrencisiyle aynı kapasiteye sahip tesettürlü bir üniversite öğrencisine geometriden aynı soruyu yönelttiğimizi düşünelim;

Çözmekte zorlanan tesettürlü bacımız, örtüsünü çıkardığı an soru ona kolaylaşacak mı?

Ya da soruyu basit bulan bir moda düşkünü, tesettüre bü-

BİR BAYAN NİÇİN ÖRTÜNMEK İSTEMEZ?

ründüğü an soru zorlaşacak mı?

Ey! Modacıların tuzağına düşmüş bacım! Sırtından milyon dolarlar kazanıp seni bataklığa itiyorlar. Seni vitrin olarak kullanıyorlar. Sen açıldıkça onlar zengin oluyorlar. Onlar seni erkeklere teşhir etmekten zevk alıyorlar. Güzellik yarışması düzenleyerek milyonlara izletiyorlar çıplak bedenlerinizi! Ve hanginizin bacağının vs. güzel olduğuna milyonlar önünde karar veriyorlar.

Düşünmüyor musunuz o sahnede neden kızları, bacıları yok!

Hem fiziğinizden onlara ne?

Üzülerek söylüyorum; şeytan, modacıları kullanarak sizi aldatmış! Oysa ki Allah sizin iyiliğinizden yana. Benden söylemesi!

- 16 -
Kısmet, Bir bakarsın Kapanırız İnşaallah !

※

'Aslında kapanmak istiyorum, ama bir türlü nasip olmuyor. Bu başörtü de tam bir nasip işi. Demek ki Allah henüz dilemiyor.' niyetiyle söylenen bu mazerette sadece kendi kendilerini kandırma yok, bilakis suçun adresini nefsiyle karıştırıp Allah'a yöneltmek de var.

'Yani ben istiyorum; ama Allah istemiyor. Haliyle Allah ne zaman ki kapanmak isteğimi kabul eder, o zaman kapanırım!'

Böyle düşünüp de kapanmayan bacılarımızı da şeytan Allah'la kandırmış.

Hiç düşünmüyorlar mı, Allah neden istemiyor? Kendileri en son ne zaman kapanmaya niyetlendiler de Allah tarafından bir engelle karşılandılar? Ya da nasıl bir engelle karşılaştılar?

Bu mazerete sığınanlarda ahiret endişesi bile gözükmüyor. Sanki 'Ne yapalım? Kapansak da olur, kapanmasak da!' der gibiler.

Lütfen! Mesele zannettiğiniz gibi basit değil! Karşılığında, eti kemiğinden ayıran cehennemi bir kez daha okumanızı tavsiye ederim. Belki o zaman ertelediğiniz tarihi öne almış olursunuz.

- 17 -
Önemli Olan Saç Dışındaki Vücudun Teşhir Edilmemesi

Allah'ın işine karışan, belki de Allah'ın işine karıştığının farkında bile olmayan ve erkekler adına karar verenlerin sığındığı bu mazeretin mantıklı tarafı yok gibi bir şey. Bu mazereti kökünden çürütecek bir alıntı yaparak anlatımımıza devam edelim.

"... Saçını açan, vücudunu açmış gibi olur. Saçını esirgemeyenler, vücudunun çoğu yerini açmaktan sakınmıyorlar. Bu konuda manken Muazzez Söğüt'ün aylık bir dergiye verdiği kadınca itiraflar şöyle:

'Saçını göstermeye alışan bir kız, boynunu göstermeye, nihayet göğsünü, bacaklarını ve bütün vücudunu göstermeye ihtiyaç duyar. Bir kadın için en keyif verici şey, güzelliğini sergilemektir'.

Yine saç üzerine Güzellik Enstitüsü sahibi Dr. Füsun Köksal: "Kadın için güzellikte en önemli ve en dikkati çeken şey saçtır." derken güzellik uzmanı Sauna Seyran da şunları söylemektedir:

BİR BAYAN NİÇİN ÖRTÜNMEK İSTEMEZ?

"Kadının en güzel tarafı saçlarıdır. Saça bir 'kıl" deyip geçmek mümkün değil."

Kuğu Güzellik Enstitüsü'nde ismini vermek istemeyen bir güzellik uzmanı ise görüşlerini şöyle açıklıyor:

"Kadın güzelliğinde, saçın mühim bir yeri vardır. Saçsız bir kadın görülmemiştir. Görülse mutlaka gülünç bir şey olurdu. Bir kadın ne kadar güzel de olsa, onu saçsız düşünün, çok korkunç ve çirkin olur. Onun için kadının güzelliğinde saç, birinci sırada gelir."

İşte kadınlardan kadınca duygular! Saçını açmayla başlayan, sonu gelmez ihtiraslar! Ve İslam'ın bu konuda kadını erdeme, fazilete yönelten hicap çağrısı! Fark burada!

Yüz, kadının güzelliğinin toplandığı merkezdir. İnsanlar bir kadının güzelliğine yüzünden ve saçından karar vermektedirler. Zira günümüzde saç ve yüz güzelliğine sahip kadınlara rağbet daha da çok gösterilmektedir.

Saçlar, gözler, dudaklar ve kirpikler üzerine söylenmiş şarkılar, şiirler az değildir. Şüphesiz ki saçlar, erkeklerin cinsi iştahlarını kabartan bir merkezdir.

Çok kurnazca söylenip arkasına sığınılan bu mazeretin altında haramı helale çevirmeye çalışma düşüncesi var. Yani;

- 'Bir bayan, saçını başını tarayıp okul kıyafetiyle okuyabilir, bir memur fazla açılıp saçılmadan erkeklerle aynı ortamda çalışabilir.'

Peki kimler vücut azalarını gösterirler? Ya da vücut azalarını göstermekteki sınır nedir ve bunu kim belirler?

Eğer vücudu teşhirdeki maksat, pavyonlarda çalışanlar, sahilde denize girenler ya da genelevlerdeki bayanlar gibi giyinmekse pes doğrusu!

Örtünme ve Çıplaklık / Tekin Yayınları.

Önemli Olan Saç Dışındaki Vücudun Teşhir Edilmemesi

Haliyle sokakta başı açık herkesi, eteğinin kısalığı ya da uzunluğuna bakmadan, elbisesinin darlığına bakmadan tesettürlü olarak algılayacağız, öyle mi?

Aman Allah'ım! Şeytan merkezli her mazeretin altında, Allah'ı bilgisizlikle suçlamak yatıyor. Ne büyük bir tuzak!

- 18 -
Denedim, Ama Boğulacak Gibi Oldum

İçten gelmeyen, çevre baskısıyla, yaz sıcağında kalın ya da naylon bir örtüyle usulüne göre bağlanılmayınca kişiyi boğar gibi olan başörtüyü o an kim taksa, aynı duygularla 'boğulacak gibi oldum' der.

Bulaşık eldivenini ilk kez takan bir bulaşıkçı, daralacak gibi olur. Suya ilk kez dalan bir dalgıç, elbise içinde daralacak gibi olur. Ama sonradan alışır. Deniz altını seven bir insan o elbiseyi zevkle giyer.

İlk günler, elbisenin sıkıcı gelmesi, fiziksel olarak gayet normaldir. Ama sıkıcılığın geçiş dönemi süresi, kişinin kapanma niyetine göre ve örtünmek isteğine katkıda bulunan sebebe göre değişir.

Eğer başörtülü bir fotoğraf çektirmek isterseniz, stüdyo sıcaklığının etkisi ve ilk kez denemenizden dolayı bir hayli sıkar ve hemen çıkarmak istersiniz.

Başı açık olan bir bayan, sevgilisinin bir saatliğine ve sadece öylesine başörtü takma teklifi karşısında ne yapar acaba? Yaz sıcağındaki örtü, hiç sıkıcı gelir mi acaba?

BİR BAYAN NİÇİN ÖRTÜNMEK İSTEMEZ?

Merak ediyorum, başörtüsünü takarken kendisini boğulacak gibi hisseden bir bayan, hangi sebepten dolayı kapanmaya niyetlenmiş tir?

Acaba cenaze defin sırasında mı, bir saatliğine de olsa kapanmış da sıkıcı gelmiş? Ya da baskılara cevap vermek için;

- "İşte bakın, kapandım! Bir de yüzümdeki şu ter ve yüz kızarıklığına bakın! Demedim mi, bana ters geliyor diye"mi söylenmiş?

Gerçekten de bilerek, isteyerek ve başörtünün gerekliliğine inanılmadan kapanılırsa benzer sıkıntılar olabilir.

Tüm olumlu şartlara rağmen boğulacak gibi olunuyorsa, bilinmelidir ki, o bacımız hâlâ imtihan oluyor. Yani;

- 'Acaba Allah'a karşı olan sevgisinden dolayı sabır mı gösterecek, yoksa geri adım mı atacak?'

Az önce dediğim gibi, kişinin örtünme niyetiyle alakalı bir durum.

Ama şu da bilinmelidir ki, kesinlikle 'boğulacak gibi olmak' mazeret olamaz. Bugün milyonlarca başörtülü insan var ve yazkış başörtü kullanıyorlar. Yazın açıp ya da boğulacak gibi hissettiğinde açıp tekrar kapanan hiç kimse duymadım.

- 19 -
Evlenememe Korkusu

Şimdi ne alaka diyeceksiniz, biliyorum ama anlatma ihtiyacı hissettim.

TV programlarından en çok hayvanlar alemini izlerim. Özellikle de yırtıcı hayvanların avlanmaları dikkatimi çok çeker. Masum geyiklerin, zebraların ve diğer otoburların kaçmaları ve en az bir tanesinin yem olmasını üzülerek izlerdim. Ta ki hikmetini öğreninceye kadar.

Meğerse yırtıcı hayvanlar avlanırken, oldukça seçici oluyorlarmış. Av sürüsünün içinde en yaşlı, hasta, sakat ve yaralı olanları seçiyorlarmış. Böylelikle her zaman genç ve dinamik bir nesil varlığını sürdürüyormuş.

Şunu demek istiyorum: 'Zayıf olanlar elenir ve elenmeli!' Konumuza geliyorum:

Evlenememe korkusundan kapanmayan bir insan, Allah rızasıyla eş rızasını karıştırmış. Bu sebeple kapansa n'olur, kapanmasa n'olur!

Merak ediyorum, acaba evdeki anneleri, anneanneleri, babaanneleri, evlenirken mi kapandılar? Ya da başörtülü olanlar

BİR BAYAN NİÇİN ÖRTÜNMEK İSTEMEZ?

evlenemiyorlar mı?

Evlenememe korkusuyla kapanmayan bacılar kendi elleriyle kendilerini her iki dünyada tehlikeye atıyorlar.

Başını örtmeyen ve evliliği erteleyen bir bayanı isteyecek muhtemel bir damat adayı portresi çizelim:

1- Cuma namazları kaçırmayabilir (Hafta sonu müslümanlığı).

2- Eşinin kapanmasından rahatsız olabilir.

3- Gözü dışarıda olabilir. (Olur demiyorum)

4- Allah korkusu zayıf olacağından, eşinin dini yönünü geliştiremeyecek.

5- Misafirliğe gidildiğinde ya da misafirler geldiğinde mahremiyete dikkat etmeyeceğinden, her an günahla burun buruna kalınacak.

Üç aşağı beş yukarı bu ve benzeri vasıflı damat adayları kendilerini isteyecek. Tabii isterlerse!

Diyelim ki kapanmaya karar vermiş bir bacının aile çevresi İslam'dan tamamen uzak! Ne yapması lazım?

- 'Çevremde ne akraba, ne de komşularımızdan tesettürlü biriyle evlenmek isteyecek hiçbir erkek yok.' deyip açılması mı gerekiyor? Kim için kapanmışsa, ancak onun için açılmalı!

Hiç duymadınız mı, Trabzonlu bir bayanın Şırnaklı biriyle evlendiğini? Anne ve babanız aynı mahallede mi oturuyorlardı? Ya da akrabalar mıydı? Neden gelecek endişesi yaşıyorsunuz?

Evlenince kapanırım diyen bir bayan, o saatten sonra kapanmak ister mi? Hem kapanmak istese bile, eşinin, kapanmamasını istemesine nasıl direnecek? Yemin ediyorum, itiraz bile etmeden açılacak. Bu kez de mazeret isim değiştirecek; "Eşim, kapanmamı istemiyor" olacak. İstemez tabii! Niye istesin ki?

- 20 -
Lise ve Üniversitedeki Başı Açık Öğrencilere Dinimi Anlatacağım İçin Başımı Açacağım. Yani Hizmet İçin...

❀

• Köyü ve köy hayatını ve seyahati çok sevdiğimden, babama, köy köy dolaşıp İslam'ı anlatmak istediğimi söylemiştim. Bana;

- 'Şehirde insan mı kalmadı?' demişti.

Ey kendini kandıran, ya da abilerinden uyduruk fetva alan bacım! Okul içinde derslerden vakit mi bulacaksın? Okul dışında görüşemez misin?

Hadi şu soruma cevap ver, kalemimi bırakayım;

- 'Okul kantininde sıradan bir solcuya başı açık ve makyajsız bir halde (perukla da olabilir) dinden bahsettiğinizi düşünelim. Yanınızda da Kur'an var.

Onu kimin buyruklarına davet edeceksiniz? Allah'ın mı? nefsinizin mi?

Allah'ın buyruğuna davet ederken, karşınızdaki solcu ya da sıradan bir öğrenci demez mi?;

- 'Elindeki Kur'an'ın şu sayfasını açıp okur musun?'

BİR BAYAN NİÇİN ÖRTÜNMEK İSTEMEZ?

- Açtığınız sayfada Nur, 31 var.
- 'Buyruklarına boyun eğmemi istediğin Allah'ın örtü buyruğuna neden boyun eğmedin?' diye sorduğunda, yüzünüz renkten renge girerken, nefsinizin fetvası ne kadar da değersiz olur!

O'na ne diyeceksiniz? Size İslam anlatmak için fedakarlıkta bulunuyoruz mu diyeceksiniz?

Amacım sizi mahçup etmek değil. Ama maalesef durum bu. Yani sıkıntılı bir mazerete sığınıyorsunuz. Okul içinde her saniye günah işliyorsunuz. Acaba kaç erkek öğrencinin göz ziyafetine vesile olduğunuzu hesapladınız mı?

İstediğiniz kadar çok kapalı ve makyajsız ız deyin! (Yok bi de deseydiniz!) Madem davanızı bu kadar düşünüyorsunuz; yakın akraba, komşu, arkadaşlarınıza anlatın. Hem onlardan birinci derecede mesulsünüz. Size ne üniversitedeki bayanlardan?

Unutmayın ki siz de Nur, 31'e müdahale edenlerden oluyorsunuz. Bilerek ya da bilmeyerek...

'Öğrencilere okul içinde İslam anlatacağımı düşünerek başımı açmayı göze aldım'diyen bir bayana ne anlatayım? İslam'ı bildiğiyle kalmamış, davet yapmak isteyen bir bayanın başını açma rahatlığı karşısında ne diyebilirim ki?

Başörtüsünü başından çıkarmak istemeyen ve baskıda bulunanların baskısı netice vermeyince en zayıf yerinden yakalayarak;

- 'O kadar başı açık bayanlara kim İslam'ı anlatacak? Sen okuma (ilgilenme), o okumasın (ilgilenmesin), kim ilgilenecek?'

Bu şeytanca vesvese sonrası üniversiteli olmak putunun tozu alınır ve başörtü feda edilir. Bu kez İslami bir kılıf hazırlanır çalınan minareye...

O kadar ağır dersler arasında bacımız ne namazlarına vakit

... Yani Hizmet İçin...

ayırır, ne kantinde çay içmeye, ne de dini bilmeyen birine din anlatmaya... 'Hele bir okul bitsin' denir.

- 21 -
Kapanmak İçimden Gelmiyor

※

Kanaatimce en mertçe söylenen bir kapanmama mazereti. Dış destekli hiçbir mazerete sığınmadan ve hiç kimsenin baskısı ve hatırı için kapanmayı istemeyen bir bayanın ağzından çıkan sözler;

-' İçimden gelse kapanırım ve hiç kimseyi dinlemem. Ve hiç kimsenin hatırı için de kapanmam!'

Bu mazerete sığınan bir bayan, sanki bir şeylere kızmış da duygusallığına yenik düşüp kapanmamış ya da başörtü meselesi eksik-yanlış anlatılmış ve ikna olamamış gibime geliyor.

Muhtemelen üç sebepten dolayı söylenen 'Kapanmak içimden gelmiyor' mazeretinin iki sebebini genişçe açıkladık. Yeni bir başlık atarak başlığımızı aydınlatmaya çalışalım.

- 22 -
Başörtülülerin Yeterince Örnek Olamamaları

Muhatabına İslam'ı ve İslam'ın güzelliklerini anlatan bir insanın söylemi ile yaşamı paralellik arzetmesi gerekir. Özellikle de yaşamına çok dikkat etmesi gerekir. Yapılacak bir hata, güzel bir yemeğe düşen sinek misali, tüm anlatılanların boşa gitmesini doğuracağı gibi, muhatabımızın dinden de soğumasına sebep olmuş olur. Artık kendisine bir şeyler anlatmak şöyle dursun, kendisini gördüğümüzde yüzyüze gelmemek için köşe bucak kaçarız.

Tesettürlü bir bayanın başı açık birine İslam'ın güzelliklerinden ve tesettürün gerekliliğinden bahsettiğini düşünelim. Bahsettiği konular arasında 'hangi sebepten olursa olsun Allah'ın rızası için örtülmesi gereken başörtünün çıkarılmasında hiçbir varlığın rızası kabul görmez' cümleleri de geçer.

Bacımız kapanma aşamasındayken, nasihatını can kulağıyla dinlediği bacımızın peruk satan bir dükkandan çıktığını ya da başı açık fotoğraf çektirmek için stüdyoya girdiğini ya da sakin bir yerde bir erkekle görüldüğünü düşünelim. Sizce kapanma aşamasında olan bir bacı, ne düşünür?

BİR BAYAN NİÇİN ÖRTÜNMEK İSTEMEZ?

Önce 'ne düşünmez'i yazalım:

- 'Her insan hata yapabilir. Önemli olan o hatada ısrar etmeden, Allah'tan özür dilemektir.'

Bana bazı gerçekler anlatan bacımız, bir anlık da olsa nefsine yenik düşmüş olabilir. Benim için önemli olan anlattıklarıdır. Allah muhafaza, yarın ben de bir bacıya dinimi anlattıktan sonra bu duruma düşmüş olabilirim. Bacımızı kınamıyorum. Ve yanına gidip de eleştirmeyeceğim. Müsait bir zamanda Allah için uyarıda bulunacağım, o kadar. Arkadaşıma kızıp da başörtüden vazgeçecek kadar cahil değilim.'

Büyük bir ihtimalle böyle düşünmez. Peki nasıl düşünebilir?:

- 'Bu ne perhiz, bu ne lahana turşusu? Dediklerine kendisi inanmamış, benim inanmamı bekliyor!'

Tabii ki şeytan kaynaklı vesveseler...

Kapanmamak için az buçuk bahane arayanlar için mükemmel fırsat.

- 'Kardeşim, kapalıları da gördük! Hiç de dedikleri gibi değiller. Onlar gizliden gizliye günah işliyorlar. Bizler de açıktan'.

Onlar kimi kandırdıklarını zannediyorlar?

Tesettürlü bacımız günah işlememeli demiyoruz. Ama dediğimiz gibi, yapacakları en ufak bir hatayı dev aynasında görüp tüm tesettürlülere mal edecekleri yetmezmiş gibi, bir daha da kapanmayı düşünmeyebilirler.

Oysa ki her insan bir şekilde hata yapabilir. Bir anlık nefsine hakim olamayabilir. Ferdî bir olaya kızıp başörtüsüne karşı gelmek;

Sınıfta zayıf alan bir öğrencinin arkadaşına kızıp okulu bırakmasıan benzer. Başörtüsü ayrı bir şey, başörtülü iken günah işlemek apayrı bir şey...

Başörtülülerin Yeterince Örnek Olamamaları

Zaten Allah'ın rızasını kazanmak için kapanmış olacaksınız! Size başörtüsü ve İslam'ı anlatan bacınızı trafik levhası olarak algılayın. Size doğru yolu gösteriyor. Arkanıza bile bakmadan gidin.

Kanaatimce bu sebeplerden dolayı kapanmayı düşünmüyorum diyorlar. Ne de yanılıyorlar, değil mi?

- 23 -
Nefsime Yenik Düştüğümden Kapanamıyorum!

En çok işittiğimiz bir mazeret. Sadece başörtü meselesinde sığınılan bir mazeret değil. Bu mazerete sığınanlar da ringe çıkmadan havlu atıyorlar.

Kapanmak istiyorlar; ama bir takım engelleri aşacak direnci gösteremiyorlar. Yani imanlarının zayıf olduğunu itiraf ediyorlar. Haklılar aslında. İmanı zayıf olan bir insanın içindeki şeytan güçlü olur. Haliyle de direnemez. En ufak bir eleştiri, tepki, kınama rüzgarına dayanamayarak başörtüsü havalarda uçuşur.

'Nefsime yenik düşüyorum. O yüzden kapanamıyorum' diyen bir bayan, imanını tekrar gözden geçirmeli. Sonra da şeytandan gelen vesveseleri analiz etmeli. Zayıf yerini tespit ettikten sonra, tedbirini almalı.

Nefsime yenik düşüyorum diyen bir insan, başörtüsü için mücadele etmiş; fakat ya olayın hemen başında ya da ortasındayken zayıf imandan dolayı herhangi bir sebepten geri adım atmıştır.

- Bölüm 1 -

Ey Başörtü İçin Karar Aşamasında Olan Bacım!

۷۷۷

Başörtünle arandaki muhtemel engelleri elimden geldiği kadar uzun uzadıya anlatmaya çalıştım. Sizin her iki dünyadada rahat ve huzurlu yaşayabilmeniz için üzerinizde hakları olan Allah'ın kapanın emrinin akla ve mantığa ne kadar da uyumlu olduğunu çeşitli misaller getirerek size sundum.

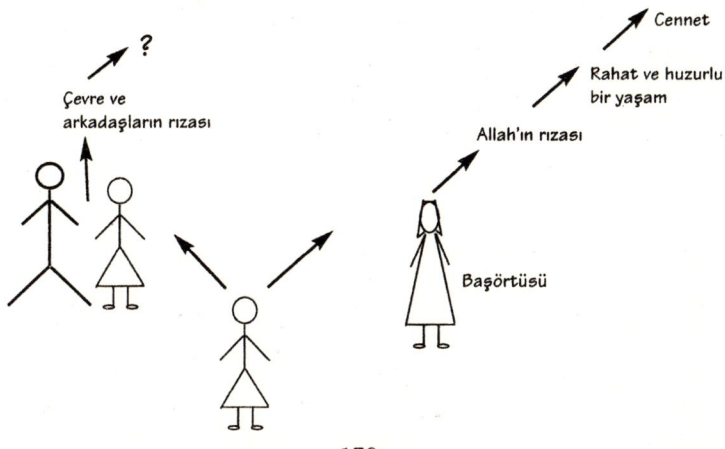

Çevre ve arkadaşların rızası ?

Cennet
Rahat ve huzurlu bir yaşam
Allah'ın rızası
Başörtüsü

BİR BAYAN NİÇİN ÖRTÜNMEK İSTEMEZ?

Karar sizin... Sağlıklı bir karar vermek istiyorsanız, odanıza geçin ve beyaz bir kağıda şu tabloyu çizin ve vereceğiniz kararın en son neticesine bakın.

Siz karar aşamasındayken, yani kapansam mı, kapanmasam mı diye düşünürken, içinizdeki şeytanın deliye döndüğünü ve tüm gücünü seferber ettiğini unutmayın.

Özel zevklerinizi ve başı açıkken kendinizce güzel anılarınızı bir film gibi size izleteceğini, başörtülü bir hayatın çekilmez olduğunu kalbinize ilham edeceğini unutmayın.

Size son olarak şunları tavsiye ederim:

- 'Kapanmaya karar vereceksiniz, kesinlikle Allah'ın rızasını gözeterek kapanın!'

- 'Başörtülü bayanlarla beraber olun, onlardan kararınız için destek isteyin!'

- 'Başı açık arkadaşlarınızla (karar aşamasında) bir araya gelmemeye çalışın!'

- 'Sakin bir ortamda geleceğinizi düşünerek karar verin!'

- Bölüm 2 -

Ey Kapanmaya Karar Veren Bacım!

۞

Kapanmak için yakın da olsa, tarih verme! Hemen başörtü al ve kapan. En büyük destekçin olan Allah'a şükür secdesi yaparak şöyle dua et:

- 'Allah'ım! Bana doğru yolu gösterdiğin için sana teşekkür ediyorum. Beni şeytan ve dostlarının şerrinden koru! Başörtüyü bana sevdir ve bir daha çıkarmamam için bana yardım et.'

Çevrenizden illaki sizi eleştirenler olacaktır. Unutmayın ki, zamanında belki de siz de başörtülü bayanları eleştirdiniz. Onların tavrından etkilenip de yanlış mı yaptım acaba demeyin. Eski arkadaşlarınız da 'ne oluyoruz' diyebilirler. Onlara da hangi sebepten kapandığınızı güzel bir üslupla anlatabilirsiniz.

Çevre değişikliği, ya da en azından bir dönem çevre değişikliği mutlaka fayda verecektir. O yüzden tesettürlü arkadaşlar edinmeye ve onlardan da destek almaya bakın. Unutmayın ki, içinizdeki şeytan geri adım atmayıp, tekrar

BİR BAYAN NİÇİN ÖRTÜNMEK İSTEMEZ?

safına çekmek için sizi ümitsizliğe sürükleyecek vesveseler verecektir.

İçinizdeki şeytanın ve dışarıdaki dostlarının vesveselerine kulak vermeden, sadece Allah'ın rızasını gözeterek kararınızın pekişmesine yardımcı olabilirsiniz.

Unutmayın ki, kapanmaya karar vermekle bir çok günah kapılarını kapadınız. Bu yüzden oldukça kârlı bir alışveriş yaptınız. Adınıza çok seviniyorum.

- Bölüm 3 -

Ey Kapanmayı Düşünmeyen Bacım!

Başörtünle arandaki muhtemel engelleri elimden geldiği kadar uzun uzadıya anlatmaya çalıştım. Sizin her iki dünyada rahat ve huzurlu yaşayabilmeniz için üzerinizde hakları olan Allah'ın kapanın emrinin akla ve mantığa ne kadar da uyumlu olduğunu çeşitli misaller getirerek size sundum.

Karar sizin... Hâlâ kapanmadan yana değilseniz, sizi şu sorularla başbaşa bırakıyorum:

1- Allah sizi niçin yarattı?
2- Kimin havasını teneffüs edip, suyunu içiyorsunuz?
3- Size geceli gündüzlü kim ikramda bulunuyor?
4- Bedeniniz kimin? sizin mi, yoksa Allah'ın mı?
5- Bedeniniz üzerinde söz hakkı kime ait?
6- Başörtüsünde çıkarı olan kim?

Başörtü meselesini tekrar masaya yatırmanızı tavsiye ederim...Unutmayın ki, ölüme her yer, herkes aynı uzaklıkta..: Tekrar düşünmek için vakit yetmeyebilir!

FEYZULLAH BİRIŞIK'IN KİTAPLARINA OKURLARINDAN GELEN MESAJLAR VE EMAİLLER

Bu bölümde, kitaplarımıza okuyucularımızdan gelen mesajları ve emailleri, anlatım ve imlalarında hiçbir düzeltme ve değişiklik yapmadan aynen yayınlıyoruz.

***

Bir bayan niçin örtünmek istemez kitabınız kesinlikle muhteşem bir kitap ben 18 yasindayim ve üniversite hazrlanyorum ama okumak istemiyorum ilerde basimi açmak istemediğimden kaynaklanyo biraz bu konuda sorun var bir ay önce okudum kitabı Çok etkilendim ve iyice kapanmayi düsünüyordum bugün de pardesü aldik annemle kendime ama dedigim gibi üniversite okumak istemiyorum bos yere kendimi yoruyorüm hiÇ bir sekilde ailemle konusmadim babam okumamdan yana (Merve-Ankara)

***

Hayirli geceler feyzullah bey sizin seytan bu kitaba cok kizacak setinizin 1ve2 sini aldim ve okudum bircok yerinde kendimi buldum arkadaslarim bana cok degistigimi soyluyor ALLAH sizden razi olsun kafamda aydınlanmaya ihtiyaci olan karanlik bolgeler aydınlandi. Bu arada ben bir ogretmenim Gaziantepte

BİR BAYAN NİÇİN ÖRTÜNMEK İSTEMEZ?

su an yigeniniz merveyle basortusunu konustugunuz diyalogu okuyordum sanirim bende ayni durumdayim ve bir sorunum var yigenim erkek ve oldukca asilik yapiyor ne yaptiysam yola getiremedim sizden yardim istiyorum ALLAH IN SELAMI Uzerinize olsun (Emine- G.Antep)

***

Hayirli Ramazanlar hocam B!R BAYAN N!C!N öRTüNMEK !STEMEZ adli kitabinizda kendi eksikliklerimi gördüm we sanki benm dü$üncelrme göre yazilm$ COK TE$EKÜRLER HOCAM (Nurgül- Bursa)

***

Bir bayan niçin örtünmek istemez adlı kitabınızı bir hocamin tawzseyi üzerni okuyrum daha tam bitirmeden Çok etkilendim kapanmaya fazla istegim yoktu ama beni aydnlattniz (Aslı- Yozgat)

***

Merhaba hocam. Bugün 3 adet kitabınızı aldım ve 'b.b.n. örtünmek istemez' isimli kitabınızı okumaya başladım. Ben 8 yıllık bankacılık mesleğimi faizciliğe aracılık etmiş oluyorum diye istifa ederek bıraktım ve hemen örtünmek istedim. Fakat annem, kızkardesim ve en önemlisi eşim istemiyor. 3-4 sene sonra 30 yaşlarında kapan diyor eşim. Yine de yani eşim istemediği halde kapanabilirmiyim? Bu daha sonraları aramızda problem olur mu? Şimdiden teşekkürler, hayırlı ramazanlar. Okurunuz: (serap- Rize)

***

GELEN MAİLLER

Suanda elimde BİR BAYAN NİCIN ÖRTÜNMEK ISTEMEZ adli kitabinizi okuyorum abicim harika bi kitap ben kapali bi kizim sayemde 2 arkadasim daha kapandi basarilarinizin devamini dilerim, mutis bi kitap (Gülsüm- Van)

***

S.a. Sizn kitabinzi okuduktn bir süre sonra kapandm katkinzdn dolayi Allah razi olsn.Ruhumdaki arays cok buyuk ve ben bu buyuklkte kayboluyrm.eksiklrmi ve kendimi az cok biliyrm. ve ornek alacagm birini ariyrm surekli cevrmde.gunlk hayattaki cogu sey beni Rabbmden uzaklastryr sanki.bu da beni huzrszlastryr. (Hülya- İstanbul)

***

Selamunaleykum feyzullah abi ben kitabinizi okudum cok etkilendim ben istemeyerek icimden gelmeyerek baski yoluyla kapandim acilmayi dusunyrm ama vicdanende rahat edemiyorum yardim ederseniz sevinirim ALLAH A EMANET OLUN (Hacer- Malatya)

***

Hocam en kisa zamanda alacam ve herkes demiyim zaten bir arkadasim var ona da okutturcam birde size sevineceginz bir haber 1 kiz szin kitabinzi okuyunca örtnmus (Büşra- G.Antep)

***

SLMUN ALEYKM HOCAM.Bana bi arkadasm sizin "bir bayan niÇin örtünmez?"adli kitabinzi önerdi,kitabi bugün okumaya basladm Çok hosuma gitti.Sabirsizlandgm iÇin hemen msj Çekmek istdm... Allah sizden razi olsun, yayinladgnz kitaplar derdimzin dermani oluyor... Allah'a emanet olun.Ben kitaba devam etsem iyi olcak. (Özlem – Ankara)

BİR BAYAN NİÇİN ÖRTÜNMEK İSTEMEZ?

Ismim Nursen 19 yasindayim.GeÇen sene Kur'an kursuna gittim, zaten iÇimde hep vardi ama gidemyrdm.Sükürler olsun hasretim dedgm Kur'ana kavustm.Ama kurs bittkten sonra yine aÇtm basimi, namaz kilarken falan kapatyrmda normalde aÇigm. Basarili oldgm iÇin yaz kurslarnda Çocuklara Kur'an ögrttm.bu beni mutluetti. (Kübra- Manisa)

***

Sizi bu saatte rahatsiz ettigim icin ozur dilerim.Ama kitaplarinizi ilk defa okudum.Kitabi okuyup bitirmek istiyorum biran once ogrenecegim cok sey var cunku.Size sadece tesekkur etmek istedim.Yazdiginiz kitaplar cok huzur verici.Bazen korkuyorum. Ama diyorumki hic bisey icin gec degil.Inaniyorumki benim gibi nice insanlar sizin yazdigin kitaplar vesilesiyle dogru yolu buluyo. Insanlar uzerinde hakkiniz cok buyuk.Allah icinizdeki inanci kat kat yukseltsin.Ve nice insanlar sizin vesilenizle dogru yolu bulsun. Hayirli geceler.(Kevser - Sivas)

***

Allahım senden özür diliyorum isimli kitabınızı okudum. Tesekkurler.Inanin kitabiniz gercekten gozumu actim.Allah inancim allaha cok sukur var.Ama farkinda olmadigim cok sey varmis. Inancim zayifmis.Sizin kitablarinizin vesilesiyle Allah inancim artti.Ben universite ogrencisiyim.Sorularim yok simdilik.Ama basa cikamicagim bi soru olursa tekrar sizi rahatsiz ederim (Onur- Kayseri)

***

Allahim senden özür diliyorum isimli kitabinizi okudum ve cok begendim simdiye kadar bu tarzda bir kitap okumamistim, kuran meali okuyorum ve kitabinizdan sonra bir ayet okudugumda icim titriyor.suan elimde seytan bu kitaba kizacak kitabinizi okuyorum buda mükemmel.böyle faydali kitaplariniz cikmasi sabirsizlikla bekliyorum özellikle Allahim senden özr diliyorum kitabinizin devamini bekliyorum.Allah yar ve yardimciniz olsun (Bekir- Malatya)

***

Iyi aksamlar hocam ben kapanmak istiyordum sizin kitabinizida okuyunca tam ikna oldum ama seytan vesvesesi olacak iÇimde sıkıntı var ne yapacagimi bilmiyorum? (Canan-Aydın)

***

Selamin A. Feyzullah abi su an.ALLAHIM SENDEN ÖZÜR DILIYORUM. Kitabini bitirdim ve devamini iple Çekiyorum yazicak misiniz acaba? (Hasan- tekirdağ)

***

Abi suan sizin bir bayan niÇin örtünmek istemez adli kitabinizi okuyorum 30.sayfadayim Çok güzel sizi tebrik ediyorum diger kitaplarinizida okucam basarilar.aeo (Serap-Konya)

***

Maasallah ya ne kadar güzel kitaplariniz var birini bitiriyorum bu hepsinden daha güzel diyorum baska Bitane okuyorum yok hayir en güzeli bu diyorum anladim ki yasayarak yazdiginiz iÇin hepsi Çok güzel ALLAH binkere razi olsun cennetinde tanismayi nasip etsin insallah. (Yaşar- Antalya)

***

Ben imam hatipde okuyorum son sinifa geÇtim ve kapali okuyoruz idealim 4 yillik bir ilahiyat kazanmak ama suan ila-

BİR BAYAN NİÇİN ÖRTÜNMEK İSTEMEZ?

hiyatlarda basi aÇik okunuyor aÇikÇa söylemeleyimki bunu hiÇ problem yapmamistim ve bunu söylerken utaniyorum suan kitabinizi okuyorum bir bayan niÇin örtünmek istemek henüz 83.üncü sayfadaym gercekten müthis bi kitap ve suan okumaliyim diye düsünmekteyim. (Ayşenur- İzmit)

***

Hocam ben ELAZIG dan Sevda yasim 18 Msj Çekemeden rahat edemedim seytan setinin 1 ve 2sini aldim bu saate kadar hepsini bitirdim uslup harika tlfn nonuz vardi elestiri ve tavsiyeleriniz iÇin ne olur hocam ölüm kitabinin 2.sinide Çikartin. Allah yardimciniz olsun. Vesselam. (Sevda- Elazığ)

***

Sayin feyzullah bey seytan bu sete cok kizacak kitap setleriniz cok mükemmel elinize saglik sizden yazmanizi istedigim baska kitap cesidi var daha sonra bildirecegim (Hayrullah- İzmir)

***

Hocam, geç oldu ama Size bir haberim var. Ben doğum günümü beklemeden, kadir gecesi kapandım. Akşam camiyede tesettürlü gittim. Sokakta tesettürlü yürümek süper bir duyguymuş. Çok mutlu ve huzurluyum. Okurunuz: Serap (Serap- İstanbul)

***

Selamün Aleyküm Feyzullah abi, ALLAH (c.c)'UN rahmeti ve bereketi sizin ve tüm Ümmeti MUHAMMED (S.A.V)'IN üzerine olsun.ALLAH (c.c) bizi su mübarek günlerin feyzinden en iyi yaralanan kullarindan eylesin. Öncelikle okuyucularinizin yarari iÇin emek verdiginiz kitaplardan dolayi size Çok tesekkur ediyorum.ALLAH(c.c) bu gayretinizden dolayi sizden razi olsun.

GELEN MAİLLER

Seytan setlerinizi alali 1seneyi geÇti.inaninki o kadar güzel empati kurmussunuz ki sanki karsinizda oturup sizin anlattiklarinizi dinliyormus gibi okudum.Sadece okumak yetmiyor biliyorum. ALLAH(c.c.)ögrenipte iyi amel edenlerden eylesin.Amin.Bu yazdiklarimi inaninki daha öncede yazmak istedim fakat hep Çekindim.Simdi bu cesaretime sormak istedigim bir soru vesile oldu.Tabi kabul ederseniz? (Ahmet- Almanya)

***

Bu arada, namazda husuya goturen yuzellıbes etken ısımlı kıtabın,cok mukemmel olmus,ve polen yayınları cok guzel satılıyor.son kıtabın ne zaman cıkack.kıtabın ısmı ne? (Muzaffer-Erzurum)

***

Hayirli Ramazanlar hocam B!R BAYAN N!C!N öRTüNMEK !STER adli kitabinizda kendi eksikliklerimi gördüm we sanki benm dü$üncelrme göre yazilm$ COK TE$EKÜRLER HOCAM (Neslihan- Sinop)

***

Selam feyzullah bey, "müslümanım diyen bir insan niçin namaz kılmak istemez" adlı kitabınızı yeni okuyup, bitirdim. Sizi tebrik ediyorum. Harika bir kitab.Ben namazlarımı sürekli aksatan biriydim. Rahatsızlık çok duyardım ama şeytan benide pençesine almıştı.İmam Hatip mezunuydum en baştan eğitimini almıştım ama samimi değildik. Bir yerlerde eksiklikler vardı. Ramazandan önce ramazanla ilgili bir kitap okudum ve dedim "ben napıyorum, ne haldeyim" hemen namazıma başladım ve çok şükür bırakmadım. Hep de dua ediyorum. Sizin kitabınızdaki bazı mazeretleri bende sölüyodum ne yazık. Ama çok şükür kendimde çok değişiklikler oldu. Şimdi bu kitabı çevremde ma-

BİR BAYAN NİÇİN ÖRTÜNMEK İSTEMEZ?

zeretlere sığınan sevdiklerime okutucam inş. Allah sizden razı olsun. çok teşekkürler. Allah'a emanet olun. Başarılar... (Mustafa- Bursa)

***

Selamun Aleykum öncelikle Muslumanim diyen bir insan niçin namak kılmak istemz isimli kitapi yazdiniz iicin size çok tesekur ederim ben fransada yasiyorum 17 yasindayim bu kitapi arkadsim tavsiye etti okudum cok hosuma giti herkese tavsiye ediyorum okudukca insan daha cok begeniyor bazi bölümlerde agladim cok güzel bir eser Allah sizden razi olsun insAllah bütun Muslumanlar namaz kilmanin çok guzel bisey oldunu anlar ve namaza baslar amin Allah emanet olun (Sema – Fransa)

***

Feyzullah abi, mü.diyen bir insane nçin namaz kılmk istemz ismli kitabınızı çok begeniyle okudum.sayfa hatta satır atlamadan sonuna kadar.kitabınızı okumadan önce namazımı Allah'a şükür kılıyordum ama kitabınız sayesinde namazıma daha çok bağlandım ve sevdiklerime tavsiye ettim.gerçekten çok güzel :-) verdiginiz misalleri çevremdekilere fırsat buldukça anlatıyorum. Allah razı olsun sizden.sizin kitabınız için tekrar çok teşekkür ederim...ALLAH RAZI OLSUN (Hatice- Ankara)

***

iyi akşamlar feyzullah bey sizden allah razı olsun sizin müslümanım diyen bir insan niçin namaz kılmak istemez kitabınızı okudum ve çoook etkilendim.özellikle bi bayan olarak abdest almak makyajımı bozuyor bu yüzden namaz kılmıyorum tam benlikti :) sayenizde kapandım ve makyajımı azalttım.ve artık abdestimi makyaj yapmadan önce almayı unutmuyorum.yalnız size sormak istediğim bikaç sorum var.birincisi namaz konusunda.

namazın ne kadar gerekli olduğunu biliorum allahıma şükretmeyi çok seviorum ama namaz şeytanın vesilesiyle (tövbe haşa) sanki bir baskı oluyor.sizin de dediğiniz gibi şeytan asla kılma demiyor hep sonra kıl diyor bende onu bi türlü ezemiyorum.bugün sabah namazını kıldım içim huzur doldu.ama devamını getiremedim :'(çok üzülüorum.hep dua ediorum allahım namaz kılmamı nasip et diye.bundan başka ne yapabilirim içimdeki o şeytanı nasıl alt edebilirim. (Bu arada ben 19 yaşımdayım) (Semra- Adapazarı)

***

Selamun aleyküm hocam sizin yayınlarınızla yeni tanıştım ilk olarak müslümanım diyen bir insan neden namaz kılmaz kitabınızı okudum ve çok beğendim yüreğinize sağlık şimdide Ölüm kitabınızı okumak istiyorum ama bulamıyorum nerden edinebilirim bu kitap,ı yardımcı olursanız sevinirim ben ankarada oturuyorum ALLAH A EMANET OLUN (Kadir - Ankara)

***

dün sabah karşı bitirdim. Kitabınızda bir cümle çok güzeldi. 'secde iken haşa niçin burnumuzu sürtüyoruz diye düşünüyorsak' diye devam ediyordu. çok doğal yazmıştınız Bu arada mükemmel bir namaz için namazda huşuya götüren 155 etken kitabınızı okuyorum.Secde anının ALLAH ile yakınlaşma anı olduğunu anlamam uzun yıllar aldı Keşke herkes sadece o cümleyi bile farketse de bir an için için düşünse.Teşekkür ederim imanın nasıl taze tutulması gerektiğini böyle yalın ve bir o kadarda dopdolu anlattığınız için. Yayına hazırlanan kitaplarınız basılınca haber verirseniz mutlu olurum. KİTABINIZI KIRTASİYEDE GÖRDÜM AÇTIĞIM İLK SAYFA UMRE ÜZERİNEYDİ VE O SAYFAYI DEDĞİNİZ GİBİ KATLADIM. Allah daima özel namazlar kılmayı hepimize nasip etsin. Birde son sözdeki peygamberimiz secde anındaki okuduğu dua için teşekkürler.

BU güzel ayın güzelliğinin bütün ruhunuzu kuşatması dileğiyle...... (Ömer Faruk- Diyarbakır)

BİR BAYAN NİÇİN ÖRTÜNMEK İSTEMEZ?

Feyzullah Hocam merhaba Ben de sizin okuyucularinizdanim. "Bir Bayan Nicin Ortunmek Istemez?" adli kitabinizi okudum ve cok begendim. okuyucularinizla diyaloglarinizdan yardimci olusunuzdan umutlanarak bende problemimi size acmak istedim. universite ogrencisi bir genc bayanim.ve kapanmak istiyorum ama malesef onume bircok engel cikiyo.en basta ailem kapanmami istemiolar.kendileri inancli ama kapanmama karsilar.oruc tutmama namaz kilmama mennun oluolar.ailem de ibadetlerini yerine getirmeye calisir annem sık sık Kuran-i Kerim okur.ama ben kapanmak istedigimi soyleyince cok uzuluolar.birilerinin beynimi yikadigini dusunoular.dini kitaplar okuduumu gorunce ki cogunlukla gizli ookuyorum,beynini bu kitaplar mi yikiyo diyolar.denize girmemi makyaj yapmami istiolar.ama ben istemiyorum.bu konuda israr edince tartisma cikio ve cok uzuluolar.ve ben boyle olunca vicdan azabi da duyuyorumonlari uzdugum icin.arkadas cevremde ayni tepkiyi gosterio.cok caresizim ve ne yapmam gerektigini nasil davranmam gerektigini bilmiyorum.yardima ihtiyacim var yardim ederseniz cok mennun olurum hocam. (Zehra- İzmir)

***

MERHABA FEYZULLAH AĞABEY;seninle yani eserlerinle tanışalı daha 4 gün oldu.Oda internet arcılığıyla.Şu anda MÜSLÜMANIM DİYEN BİR İNSAN NİÇİN NAMAZ KILMAK İSTEMEZ isimli o muhteşem eserini okuyorum.ALLAH senden bin kere razı olsun.Eline yüreğine sağlık.Ben şükürler olsun RABBİME namazlarımı kılıyorum.Elimden geldiğince doğru kılmaya çalışıyorum.Nede olsa hepimiz insanız;ve namaz kılarken şeytanın vesveselerine maruz kalıyoruz.RABBİM herkesi korusun şeytanın vesveselerinden.Kitabında öyle güzel bir üslup kullanmışsın ki okurken çok zevk alıyorum ve çok yararlanıyorum. İnşallah diğer eserlerinle de tanışma fırsatım olur.Umarım bu kadar uzun yazmakla sizi sıkmamışımdır.Feyzullah abi,namaz kılarken bu şeytanın vesveselerinden bu dünyanın bitmeyen meşguliyetlerinden nasıl uzak duracağız.Ne olur o engin bigilerinle beni de aydınlatırmısın.RABBİM YAR VE YARDIMCIN OLSUN.DUALARINIZI EKSİK ETMEYİN BİZLERDEN NE OLUR. HAYIRLI GÜNLER.ORDU'DAN ÇİĞDEM... (Çiğdem- Ordu)

***

Merhaba Fezullah bey;

Geçen hafta Niçin Yaratıldın? Adlı eserinizi okudum bir gecede hemde, çok yalın bir dille hepimizin kolaylıkla anlayabileceği örneklerle hayatı bir mevzuyu açıklamışsınız Hayatımla ilgili kararlar verme arifesinde iken benim için sizin eseriniz güzel bir tevafuk oldu.Size teşekkürü bir borç bilirim ve kitabın sonunda demişsiniz ya senin için dua edicem diye bende sizin için dua ettim :) Allah hepimizin dularını kabul etsin inş. ve ilim irfanımızı genişletim hayatımızı bu doğrultuda yaşayabilmeyi nasip etsin! (Mahmut- Yalova)

***

Selamun aleyküm... Kitaplarınızı yeni keşfeden ve açıklama şeklinizi çok beğenen bir okuyucunuzum. Sizi daha yakından takip etmek istiyorum, ama van'ın bir ilçesinde oturduğum için kitaplarınızı bulmakta çok zorluk çekiyor ve çoğu zaman bulamıyorum.. Bana bu konuda yardım etmenizi isterim. Umarım bu isteğimle ilgilenirsiniz.. Şimdiden teşekkür eder hayırlı akşamlar dilerim... (Mesut- Van)

***

Selamun Aleyküm, Feyzullah bey. Kısa bir süre önce MÜSLÜMANIM DİYEN BİR İNSAN NİÇİN MAMAZ KILMAK İSTEMEZ isimli kitabınızı aldım. Öncelikle bu hoş ve faydalı çalışmanız için bir okuyucu olarak teşekkür ederim. Kitabın ismi uzun fakat çok iyi seçilmiş. Başlık kitabın anafikri gibi, adeta hedefe nokta atışı yapılmış. Kapak ve kitabın dizaynı çok iyi, 30 maddede topladığınız konuları etraflıca açıklamışsınız... Bende iki yıldır düzenli olarak namaz kılmaya çalışan biriyim. Kendimden ve çevremden namaz kılma mevzusuyla ilgili çok şeyler buldum kitabınızda. Çevremden namaz kılmayan bir kaç kişiye kitabınızı alıp hediye etmeyi düşünüyorum. Çok garip daha öncede bu tür namazla ilgili kitaplar hediye ettiğimde okuyanlar, çok etkilenmiş ama sonra yine namaza başlamamışlardı... Bu noktada insan çaresiz kalıyor. Acaba hidayet mevzusumu giriyor diye düşünüyorum... Bundan sonraki çalışmalarınızda, anket, bilgi toplama vs... gibi konularda ihtiyaç duyarsanız, bende size yardımcı olmaya hazırım. Bunu dinime ve topluma bir hizmet olarak seve seve yaparım... Yeni çalışmalarınızda başarılar diler, Saygılarımı Sunarım. (Mustafa- Bolu)

***

Feyzullah abi merhaba!

Ben bu maili kosovadan atiyorum dun ablam size tlf etmisti mail adresinizi vermissiniz cok sagolun yoksa ben telefonda bukadar cok sey anlatamazdim

Ismim Nuray 15yasindayim ve okuyorum

sizin Seytan bu kitaba cok kizacak isimli iki setinizi de okudum cok etkinledim hayata bakis acim degisti diyebilirim gercekten degisti ilk setiniz beni namaza ve duaya yoneltti ikinci setinzide sukretmeye Allahtan ozur dilemeye ve de kapanamak istememe vesile oldu bunun icin ALLAH sizden bin kere razi olsun

Ortunme konusunda biraz tedirginligim hala var ama kurban bayraminin ilk gunundan itibaren artik ortunmus olcuam insaallah ailem de birsey demez kararima eminim hatta cok sevinirler ozellikle babam. Simdiye kadar beni kapanmaya kimse zorlamamisti ya da kimse neden ortunmuyorsun dememisti bende dusunmuyordum ama evlendikten sorna oalbilir diyordum hep cunku okumayi ve bir meslek edinemyi cok istyordum.

Burda yani Kosovada unv. ler pekde iyi degil onun icin istda olmazsada baska bi TR ilinde okumayi istiyordum

bunun icin sorna orutunucem dedim ama kitaplariniz dedigim gibi okadar etkiledi ki gozumu actim uyandim artik asla okulum icin basortumu cikartmiyicam okuamk icin savas vericem ama ondan cok basortum icin ,asla sizin de deginiz gibi diplomayla cennet arasinda kalmiyicam cunku herzaman icin secimim elbetteki CENNET .

Aslinda diger yakinlarimin, arkadaslarimin tepkilerinden biraz korkuyorum ama ne olursa olsun bunlarin ustesidnen gelecegime eminim Allahin izniyle bana cevap yazmanizi sabirsizlikla bkeliyicem nolur bos bir 5dk ninizi bana ayirin destege ihtiyacim var

Allaha emanet olun en kisa zamanda yeni kitaplarinizi bkeliyoruz gorusmek dilegiyle hoscakalin.... (Nuray- Kosova)

***

selamun aleykum efendim. Ben yasemin, viyanadan, size bu aksam sms göndermistim. Ben 17 yasindayim ve lise 3e gidiyorum. 2ay önce okul kapandiginda caamiye, yaz kursuna gittim ve kapanmaya karar verdim. Hatta sizin "bir bayan nicin örtünmek istemez" adli kitabinizida okudum ve yazdiklarinizin cogu hep benimde aklimdaydi sanki tam sorularima cvp gibi geldi hepsi. (Yasemin- Viyana)

***

Hayırlı Ramazanlar...

Daha önce ki mailimde yazmış olduğum gibi kitabınız gönlüme bir ışık verdi ki ben bugün Allahın izniyle İlk (asla terk etmiyeceğim) namazıma başladım.

Ramazanın 1. günü sebeblerdir bizi yaşatan. Sizin kitabınızı

BİR BAYAN NİÇİN ÖRTÜNMEK İSTEMEZ?

görmem bir sebeb gelmesi bir sebeb okumam bir sebeb...

Namaza başlamam sizin kitabınızla bir sebeb...

Allah sizden razı olsun...

Kalbinizdeki Kaleminizde ki Yüzünüzde ki Nur hiç eksik olmasın.

Sevgi ve saygılarımla..

Size tekrar yazıcam. Vaktiniz varmı bilmiyorum ama (mailleri okumaya vakit) yazıcam Allahın adıyla başlayarak yazıcam.

Hoşçakalın... (Hacer- Gümüşhane)

***

Hocam merhaba,

bir arkadaşım vasıtası ile kitabınızı aldım ve şu an elimde okumaya başladım. Ne derece faydası olacağın bilemiyorum fakat umarım okuduktan sonra ben de beş vakit namaz kılmaya başlayanlardan olurum inşallah.aslında kapalı sayılabilecek bir bayanım.kendi isteğimle değil aile baskısı ile oluşan bir kapanma. ve 2 kızım var onlara bu anlamda hiç bi baskı yapmadım.ben 42 kızlarım 19 ve 18 yaşındalar.sizin bilgilerinizden faydalanmayı çok arzu ederim. allaha emanet olun saygılar. (Suna- Eskişehir)

***

feyzullah bey niçin yaratıldın kitabınızı okudum ve çok beğendim ellerinize sağlık bu tarz kitaplar sürekli okuyorum. daha başka kitaplarınızında olduğunu gördüm ve almayı düşünüyorum.size bunu yazmamın nedeni sadece teşekkür etmek için. Allah a emanet olun. (Burcu- Ankara)

***

iygünler ben sizin bir bayan niye örtünmek istemez adlı kitabınızı okudum

GELEN MAİLLER

şimdide şeytan serisine geçtim sorularım var ve cvbları bulabiliyorum ama sizden yanıt almak istiyorm başı açık bir bayanm kitabı okumadan önce kapanmamk icin sebeblerim var zannediyodm ama şimdi hç cvbım kalmadı.şu anda tam anlatamdm durumumu. (Ferda- Balıkesir)

***

hocam yazmış olduğunuz "bir bayan niçin örtünmek istemez" eseri okudum.

harikaydı. ben yüksek okulu okurken bir bayan arkadaşım vardı. onun örtünmesi için çaba harcamıştım. o zaman bu kitabı okumamıştım son 1 ay kala kitap elime geçti. eger bu maili okuduysanız karşılık verirmisiniz. devamını yazmaya o zaman devam edeyim yada hocam 0542 5--- benim numaram. beni aramanınızı bekleyemem bilmiyorum bunu neden yaptığımı ama bişeyleri birileriyle paylaşmazsam benim gidişim pek hayrı alamet değil ALLAH a emanet olun hocam ALLAH sizi ve sizin gibi değerli insanları başımızdan eksiketmesin (Atilla- Trabzon)

***

Müslümanım diyen bir insan niçin NAMAZ kılmak istemez???

Elimde bu kitabınız var.Tek kelimeyle harika..Rabbimin kabul ettiğini umarak lıldığım namazlarım var çok şükür.Kitabınızın arkasında öneri ve tavsiyeler için vermişsiniz bu adresi ama ben bunlar için kullanmadım

öncelikle hakkınızı helal edin inş..

Sizi bana çok şey kazandiran bi kardeşim vasıtasıyla tanıdım. Okumam için yazar tavsiye etmişte içinde sizde vardınız. Nitekim kitabınız elime geçti.

Yanlız okurken kafama takılan bişey oldu onu sormak istedim şimdi neden bana soruyorsunuz diyebilirsiniz ama cevaplayıp cevaplamamak size kalmış :) (Vedat- Hollanda)

BİR BAYAN NİÇİN ÖRTÜNMEK İSTEMEZ?

selamün aleyküm feyzullah bey,

inşaallah rahatsızlık vermiyorumdur. Kitabınızı okuyorum şu an ve size teşekkür etmek için mail atmak istedim. % kaç müsümanım şu an okuduğum kitabınız bundan önce müslümanım diyen bi insan niye namaz kılmak istemez ve niçin yaratıldını okudum ve hepsinde ortak olarak şunu gördüm insanlara sohbet edermiş gibi yazmanız kitapların akıcılığını sağlıyor ve günlük hayatta üstünde fazla durmadan yapılan bazı ibadetlerin inceliklerini ortaya Koyuyorsunuz. Özellikle kelime- i tevhiddde bu kadar hassas açıklamaya girmeniz çok güzel.

Başarılarınızın devamını diler bu tür eserlerle yanımızda olmanızı dilerim. Selamünaleyküm... (Muharrem – G.Antep)

***

Selamun aleykum Nasılsınız hocam? Ben bir okurunuzum. Kitaplarınızdan ilk olarak şeytanı kızdıran seti (Şeytan bu kjitaba çok kızacak)okudum ve çok beğendim. Bu ilk oldu benim için. Kitaplarınızı okumaya devam ediyorum. Ayrıca başkalarına da tavsiye edip sizin adınıza kitaptan memnun kalıp kalmadıklarını soruyorum. Okuyanların hepsinden de pozitif cevaplar aldım. Başarınızın devamını diliyorum. Kitaplarınızın en çok beğendiğim tarafı sizin üslubunuz. Bilinen şeyleri farklı bir üslupla anlatmanız çok etkili oluyor. Benim e-mail adresimi msn'nize eklerseniz sevinirim. Bazen aklıma takılan soruları size mail atarım. Şimdilik Allah'a emanet olun. (Eyüp- Kastamonu)